Ausflugs-Erlebnis

Stadtführer
MÖDLING

Friedrich Arnold

Ausflugs-Erlebnis

Stadtführer
MÖDLING

KRAL VERLAG

Bildnachweis
Alle Fotos: Friedrich Arnold außer Fotos Seite 6, 8, 29, 126, 127: Silvia Wahrstätter; Seite 10/11: Wikimedia Commons gemeinfrei; Seite 18: www.moedling.at; Seite 21, 22, 23: Wikimedia Commons gemeinfrei; Seite 24: Adolf Dauthage, Foto Peter Geymayer, gemeinfrei; Seite 25: Ludwig Ferdinand Schnorr von Carolsfeld gemeinfrei; Seite 30: Egon Schiele gemeinfrei; Seite 31: gemeinfrei; Seite 38: Mödlinger Stadtverkehrsmuseum; Seite 40: Mödlinger Stadtverkehrsamt; Seite 56: gemeinfrei; Seit 62: Braveheart; Seite 91, 92: Verein zur Erhaltung der Kolonie Mödling; Seite 93: Josef Kriehuber gemeinfrei; Seite 100: Florence Homolka

Wir haben uns bemüht, alle Rechteinhaber ausfindig zu machen. Sollte uns dies im Einzelfall aufgrund der schlechten Quellenlage bedauerlicherweise einmal nicht möglich gewesen sein, werden wir begründete Ansprüche selbstverständlich erfüllen.

1. Auflage 2018

J.-F.-Kennedy-Platz 2, A-2560 Berndorf, www.kral-verlag.at

Projektleitung: Sonja Franzke, www.vielseitig.co.at
Umschlaggestaltung und Layout: Silvia Wahrstätter, www.buchgestaltung.at
Karten: © ARGE Kartografie, St. Georgen am Steinfelde
ISBN: 978-3-99024-753-2

Inhaltsverzeichnis

Vorwort

Fremde Städte zu sehen und zu erleben, ist der Wunsch vieler Menschen. Städte in Europa, in fremden Kontinenten ziehen an. Angebote der Reiseunternehmen locken die Neugierigen in alle Welt. Nach der Rückkehr zeigen sie Souvenirs und Bilder von ihrer Reise. Nach wenigen Monaten sind die Eindrücke verblasst. Man weiß nicht mehr, was in der fremden Stadt wo war, und wenn die Bilder nicht beschriftet sind, sind die detailreichen Erinnerungen entschwunden. Auch die vielen „Selfies" kann man nicht mehr zuordnen. „Ja, das sind wir, beim Hmmm. Wo war das doch gleich?".
Mein Vorschlag ist der, doch einmal die Städte in der Nähe der Heimatstadt kennenzulernen. Ohne lange Anreise. Vielleicht zuerst nur ein kurzer Besuch, ein paar Stunden. Aber was hindert uns, auch einmal in einer Stadt ganz in der Nähe Urlaub zu machen?
Und so kam mir die Idee, doch eine Stadt in der Umgebung von Wien zu besuchen, die Bauwerke, die kulturellen Zeugnisse, die Kulinarik und die Natur auf mich einwirken zu lassen.
Mit rund 16 km Entfernung von Wien war das Ziel rasch gefunden: Mödling.

Wenn ich eine fremde Stadt besuche, schaue ich erst einmal auf den Stadtplan, um den besten Aussichtspunkt auf die Stadt zu finden. Der ist dann meine erste Station. Denn von dort – meist ist es ein Berg, eine Anhöhe – habe ich einen guten Überblick über die Stadt. Ich kann den Umfang der Stadt erkennen, ich sehe vielleicht ein paar herausragende Gebäude, und ich erkenne die Umgebung der Stadt. Ich blicke in die Ebene und in die Berge. Dann schwebt schon ein erstes Bild der Stadt vor meinem Auge.

Vor vielen Jahren war Mödling sogar Teil von Wien. Dieser damalige Wiener Gemeindebezirk, der neue 24. Bezirk Mödling, entstand aus dem Gerichtsbezirk Mödling, der die heutigen Gemeinden Achau, Biedermannsdorf, Brunn am Gebirge, Gaaden, Gießhübl, Gumpoldskirchen, Guntramsdorf, Hennersdorf, Hinterbrühl, Laxenburg, Maria Enzersdorf, Mödling, Münchendorf, Wiener Neudorf und Wienerwald umfasste. Der neu geschaffene Bezirk war der südlichste und zugleich der am weitesten vom historischen Stadtkern Wiens entfernte Stadtteil. Seine Grenzen berührten an keiner Stelle die Stadtgrenze von 1937. Aus diesem Grunde entschloss man sich nach dem Zweiten Weltkrieg, den Bezirk als einzigen komplett an Niederösterreich zurückzugeben.

Fest steht: Mödling bietet viel, war bislang leider nie einen Städtebesuch wert, sondern meist nur Ausgangspunkt für Wanderungen. Dabei ist die Stadt ein Kleinod im Nahbereich der Bundeshauptstadt, sie hat eine Altstadt mit besonderem Flair und ist leicht mit Öffis zu erreichen. Es gibt tolle kulturelle Angebote und eine vielfältige, sehr gute Gastronomie. Und wer hoch hinaus will, dem bieten sich unterschiedliche Wandermöglichkeiten, Klettermöglichkeiten eingeschlossen, mit gut versicherten Klettersteigen.

Mödling hat musikalisches Flair.
Wir stellen eine musikalische Stadt vor.
Und mit einem Dreiklang darf ich Sie einladen,
Mödling zu genießen. Der Dreiklang
Natur · Kultur · Genuss
erwartet uns.
Egal welchen Teil des Klanges wir bevorzugen, ich sage,
„Komm mit nach Mödling“.
Genießen wir die so nahe Stadt.

Einleitung

Die Stadt Mödling, als die „Perle des Wienerwaldes" bezeichnet, liegt rund 16 Kilometer südlich der Bundeshauptstadt Wien.
903 wurde Mödling erstmalig erwähnt. Doch das Gebiet ist schon viel länger besiedelt und in der langen Geschichte von einem äußerst wechselhaften Verlauf voller Höhepunkte und Schicksalsschläge geprägt.
Ab dem 12. Jahrhundert hat sich Mödling als Sitz einer Nebenlinie der Babenberger zur stattlichen Siedlung entwickelt und so den Beinamen „Babenbergerstadt" erworben. Im historischen Zentrum sind heute Sehenswürdigkeiten vom Mittelalter bis zur Neuzeit sichtbar. Zweimal wurde Mödling durch die Osmanen zerstört, und auch zwei Pestepidemien verschonten die Mödlinger Bevölkerung nicht. Schon zu Beginn des 19. Jahrhunderts wurden Mödling und seine malerische Umgebung als ideale „Sommerfrische" entdeckt. Damit verbunden folgte eine Hochblüte von Kunst und Kultur, die den außerordentlichen Rang Mödlings auf diesen Gebieten ebenfalls bis heute bestimmt. 1875 wurde der Markt Mödling zur Stadt erhoben. Während des NS-Regimes war Mödling ab 1938 ein Teil von „Groß-Wien" und erhielt erst gegen Ende der Besatzungszeit 1954 seinen Status als Stadt und Hauptstadt des gleichnamigen politischen Bezirkes

zurück. Bis ins frühe Mittelalter zurück weisen auch die Spuren des Weinbaus, der hier aufgrund der hervorragenden klimatischen und terrestrischen Bedingungen beste Ergebnisse bringt. Verkostet wird beim „Heurigen", das sind idyllische Weinhauer-Lokale, die mehrmals jährlich „ausstecken" und Eigenbauweine ausschenken. Daher ist neben den zahlreichen Sehenswürdigkeiten, den einzigartigen landschaftlichen Reizen und dem umfangreichen kulturellen und gastronomischen Angebot auch der Besuch der „Heurigen" einer der zahllosen Gründe für einen Besuch in Mödling. Aufgrund der guten verkehrstechnischen Lage kann man sowohl mit dem Auto als auch öffentlich schnell und bequem Mödling oder eines der vielen Ausflugsziele des Wienerwaldes erreichen.

Anreise

Die Stadt wird von der Südbahn durchquert, S-Bahn und Regionalzüge garantieren also eine schnelle Verbindung nach Wien, Baden und Wiener Neustadt.
Das Stadtzentrum liegt vom Bahnhof gerade mal 700 Meter entfernt.
Der Bahnhof ist für die zahlreichen Pendler auch mit einer Park&Ride-Anlage ausgestattet. Außerdem führen von den zwei Busbahnhöfen beim Bahnhof und in der Badstraße Buslinien in den ganzen Bezirk sowie auch nach Siebenhirten und Liesing (Wien 23). Die Shopping City Süd wird durch die Buslinie 207 erschlossen. Weiters gibt es einen Citybus mit vier Linien (1, 2a, 2b, 3), welcher vom ÖBB-Postbus betrieben wird.
Individuelle Anreise mit dem Auto.
Die Autobahnanschlussstelle Mödling an die Südautobahn A2 ist zugleich die Anschlussstelle für die Shopping City Süd außerhalb der Stadt.
Von der B17 führen die Bahnstraße, die Friedrich-Schiller-Straße und die Steinfeldstraße in das Stadtzentrum. Im Zentrum von Mödling sind die Parkplätze gebührenpflichtig. Das Kurzparksystem ist Mitglied bei „m-parking".

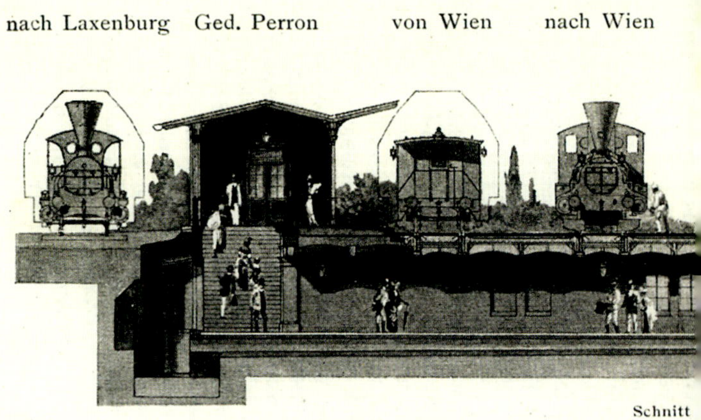

Bahnhof Mödling

Verkehr

Buslinien: Neben dem Citybus verkehren in Mödling zahlreiche regionale Buslinien. Nähere Informationen finden Sie auf dem beigelegten Stadt- und Verkehrsplan. Jede dieser Buslinien kann innerhalb des Mödlinger Stadtgebiets wie der Citybus zum Ortstarif Mödling benutzt werden. Mit einem Fahrschein ist das Umsteigen in einen anderen Bus möglich. **Tarife**: In Wien, Niederösterreich und dem Burgenland fahren Sie mit den Öffis zum einheitlichen Tarif des Verkehrsverbund Ost-Region (VOR). Neben Einzeltickets gibt es auch Tages-, Wochen-, Monats- und Jahreskarten. **Verkaufsstellen**: Regionalbusse, Ticketautomaten, Bahnhofsschalter, Vorverkaufsstellen und im VOR ServiceCenter Wiener Westbahnhof.

Auskünfte zu Fahrplan und Tarif in der Ostregion erhalten Sie bei der VOR-Hotline: Tel. 0800/222324 und unter www.vor.at

Die **Fahrpläne** aller Buslinien sind außerdem den Aushängen in den jeweiligen Haltestellen zu entnehmen. Nach Betriebsschluss des Citybusses gibt es das Mödlinger Anschluss-Taxi: Tel. 02236/45555 Abfahrtsstelle beim Mödlinger Bahnhof, es gelten dieselben Bedingungen wie für den Citybus (gültiger Fahrschein). **Abfahrtszeiten**: Mo–Fr 18/18:20/18:30/18:50/19:10/19:30/19:40/20/20:30/21/21:30/22/22:30/23/23:30/24/24:35/1:30

en Bahnhof Mödling. [1883.]

Das Sammeltaxi ist telefonisch vorbestellbar (15 Min. vor Abfahrt bei der Firma Mühlauer Tel. 02236/45555 bestellen). Es wird (nach telefonischer Bestellung) zweimal jeweils vormittag und nachmittags gefahren. Abfahrt vom Bahnhof (Mo–Fr um 7, 11, 14 und 17 Uhr). Benützbar nur mit Ticket, erhältlich beim Mödling Info Service, Kaiserin Elisabeth-Straße 2, gegen Vorlage eines Meldezettels. Preis der Fahrkarten pro Fahrt € 1,–.

Radfahren: 19,8 km Radnetz, Radwege siehe Stadtplan. Leihrad von Nextbike. **Stationen**: Bahnhof, Thermenklinikum, Josef Deutsch Platz, Schrannenplatz, Stadtbad, Hotel Babenbergerhof (Babenbergergasse) und WIFI (Guntramsdorferstraße), Jordanfelsen (Kletterfelsen)/Vorderbrühl. **Kosten**: Erste halbe Stunde gratis, eine Stunde € 1,–, 24 Stunden € 10,–. So funktioniert es: Standort aufsuchen, Hotline anrufen, Nummer des gewünschten Rads eingeben, Sie erhalten einen Zahlencode, mit diesem Schloss öffnen und losradln; Rad an beliebigem nextbike-Standort zurückgeben, Rad absperren, Hotline anrufen, Standort bekannt geben und abmelden. Oder per nextbike-App.
Ausführliche Informationen und Registrierung: www.nextbike.at und Hotline Tel. 02742/229901.

Mödling in Zahlen

Fläche
9,95 km²

Koordinaten
48° 5' 8'' N
16° 16' 59'' E

Staat Österreich
Bundesland
Niederösterreich
Politischer Bezirk
Mödling
Kfz-Kennzeichen
MD

Höhe
246 m ü. A.

Mödling liegt am Rande des Wiener Beckens. Durch Mödling fließt der Mödlingbach, der im Wienerwald entspringt und bei Achau in die Schwechat mündet. Ein Großteil des Gemeindegebietes ist bewaldet und gehört zum Naturpark Föhrenberge. An den Hängen des Wienerwaldes liegen zahlreiche Weingärten mit den dazugehörigen Heurigen in der Stadt. Das Weinbaugebiet gehört zur Thermenregion.

Bevölkerungs-
dichte
2082 Einwohner pro km²
Vorwahl
02236
EINKAUF
EP
POSTHOF
Postleitzahlen
2340 (Hauptpostamt)
2342 (ehemaliges Bahnhofspostamt)
Einwohner
20.713
(1. Jänner. 2017)

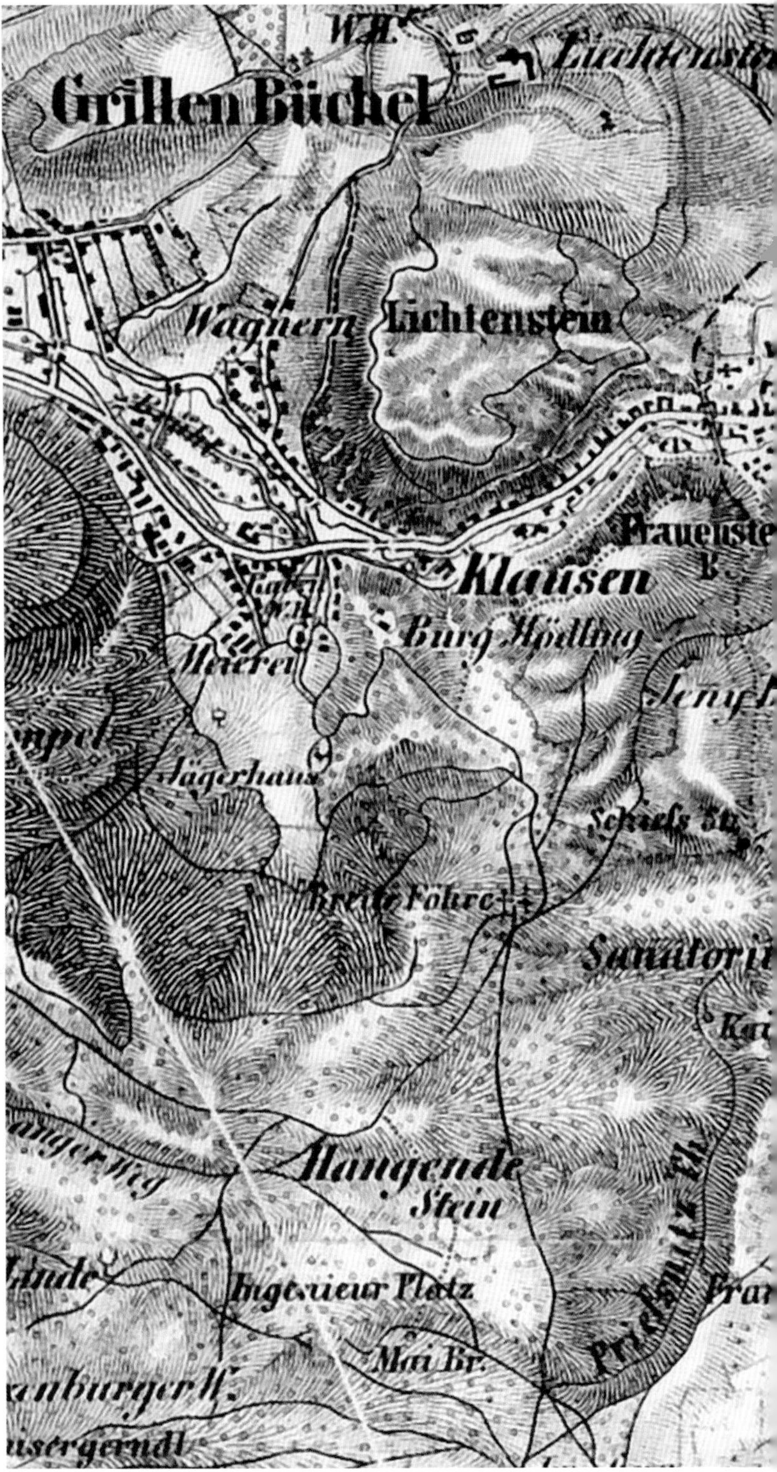
W.H.
Grillen Büchel
Wagnern
Lichtenstein
Klausen
Burg Mödling
Meierei
Jägerhaus
Schiess St.
Breite Föhre
Hangende
Stein
Ingenieur Platz
Mai Br.

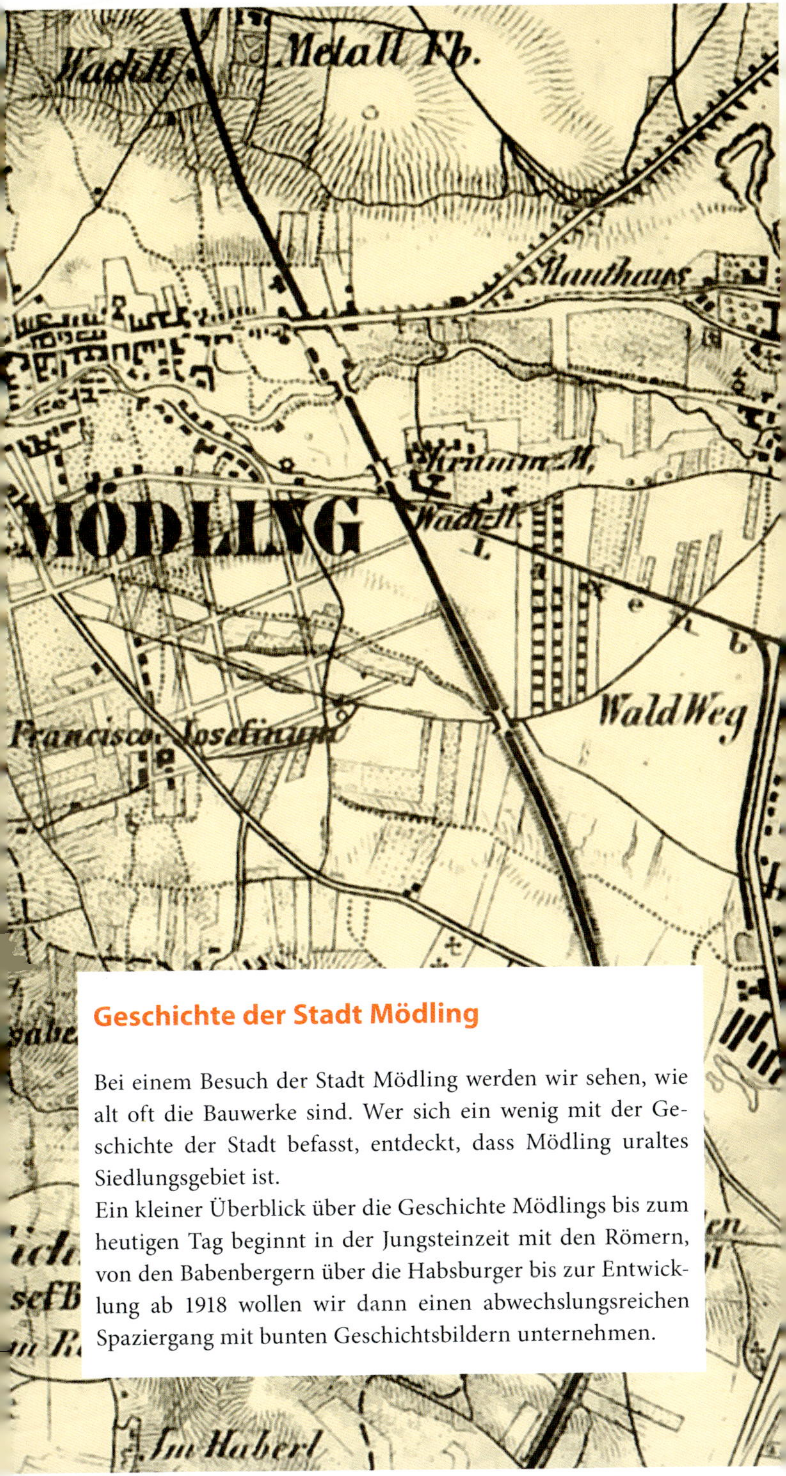

Geschichte der Stadt Mödling

Bei einem Besuch der Stadt Mödling werden wir sehen, wie alt oft die Bauwerke sind. Wer sich ein wenig mit der Geschichte der Stadt befasst, entdeckt, dass Mödling uraltes Siedlungsgebiet ist.
Ein kleiner Überblick über die Geschichte Mödlings bis zum heutigen Tag beginnt in der Jungsteinzeit mit den Römern, von den Babenbergern über die Habsburger bis zur Entwicklung ab 1918 wollen wir dann einen abwechslungsreichen Spaziergang mit bunten Geschichtsbildern unternehmen.

Geschichte der Stadt Mödling

Begonnen hat es in der Jungsteinzeit

Die ursprünglichen Bewohner hatten Angst vor Überschwemmungen, doch Wasser ist Leben, und daher benötigten sie geeignete Wasserstellen, wenn sie sich wo niederließen. Deshalb erbauten sie aus Angst vor dem Hochwasser ihre Siedlungen auf Bergen, in der Nähe sollte allerdings eine Quelle sein, oder ein Gewässer im Talgrund, welches leicht zu erreichen war. Die alten Ansiedlungen befanden sich also am Steilabfall der Kalkalpenzone und an den östlichen Ausläufern des Wienerwaldes zum Wiener Becken. Angenehmes Klima und reiche Waldgebiete boten bereits im 4. vorchristlichen Jahrtausend den ersten Siedlern ideale Lebensbedingungen. Der Grabfund einer Doppelbestattung aus der Jungsteinzeit in der Flur „In den Leinerinnen" (am Fuße des Eichkogels) belegt die Besiedlung.

Bronzezeitliche Jäger und Hallstattmenschen lebten auf den bewaldeten Hügeln des Frauensteins, des Jennyberges und des Kalenderberges. Sie stiegen nur dann in die feuchten Niederungen des Mödlingbaches ab, wenn sie jagen, fischen und Wasser schöpfen mussten. Auf dem Jennyberg finden sich auch Spuren der „Badener Kultur", einer archäologischen Kultur der Kupfersteinzeit. Ebenso wurde eine Höhensiedlung aus dieser Epoche gefunden. Im Jahr 1970 und 1971 wurden dort Ausgrabungen in der Länge von 300 Metern durchgeführt. Unter diesen Funden befinden sich die ältesten Nachweise von Wagen in Österreich. So wurde ein tönernes Wagenmodell aus der Zeit von 3000 v. Chr. gefunden.

Römer und Awaren

In der Römerzeit lässt sich die Existenz einer römischen Niederlassung in der Nähe des Bahnhofes nicht nur durch Münzfunde, sondern auch durch Grabsteine beweisen. Aus römischer Zeit gibt es in Mödling eine Reihe von Grab- und Streufunden, bisher konnten aber keine eindeutigen Siedlungsspuren entdeckt werden. Dennoch ermöglicht eine Reihe von Einzelfunden, auf den Bestand einer römischen Ansiedlung hinzuweisen. Bereits in dieser Epoche dürfte es zwei Fixpunkte der Ansiedlung gegeben haben, die dann auch für das mittelalterliche Mödling

St. Othmar im Mittelalter

von Belang waren: der Bereich der heutigen Waisenhauskirche (des mittelalterlichen St. Martin), etwas östlich des Bahnhofes an der Südbahn, und das heutige Ortszentrums um den Schrannenplatz unterhalb der Othmarkirche. Auf der einen Seite konzentrieren sich nämlich die Grabfunde im erstgenannten Bereich, auf der anderen Seite gibt es die Streufunde rund um den Schrannenplatz.

Die Tatsache, dass die alte Römerstraße von Vindobona nach Aquae (Baden) durch den Oberort führt, kann ebenso als Anhaltspunkt für den Bestand eines römischen Stützpunktes gelten. Dazu kommt noch, dass für die Hauptstraße (vom Schrannen- bzw. Freiheitsplatz nach Osten) aus dem Mittelalter die Bezeichnung „Hochstraße" (alta strata) überliefert ist, eine Benennung, die häufig mit alten Römerstraßen in Verbindung steht.

Ein Gotengrab aus dem 5. Jahrhundert nach Christus, wertvolle langobardische Funde und ein mit 500 verstorbenen Awaren belegtes Gräberfeld „An der Goldenen Stiege" aus dem 7. und 8. Jahrhundert beweisen die kontinuierliche Präsenz von Menschen im Raum Mödling.

Die Funde sind im Mödlinger Museum zu besichtigen. Einen schriftlichen Hinweis auf einen Siedlungsnamen gibt es nicht.

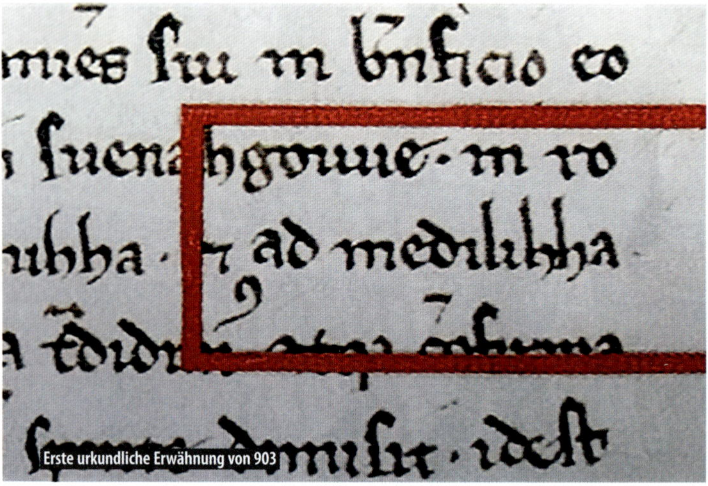

Erste urkundliche Erwähnung von 903

Erste urkundliche Erwähnung Mödlings

Die erste urkundliche Erwähnung lässt sich in der Karolingischen Mark nachweisen. Sie ist datiert mit 8. September 903. „MEDILIHHA ULTRA MONTEM COMMIGENUM", dieses „Mödling jenseits des Wienerwaldes", wurde im sogenannten Lonsdorfer Kodex im Münchner Reichsarchiv gefunden. Dieses leibeigene Gut MEDILIHHA übertrug Bischof Burchhard dem Chorbischof Madalwin von Passau im Tauschweg gegen einen Meßornat, 56 Bücher und Landbesitz an der Enns. Im Jahr 1827 wurde eine Abschrift der Urkunde aus dem 13. Jahrhundertt. erstmals in einer wissenschaftlichen Arbeit veröffentlicht und dabei fälschlich das Jahr 904 als erstmalige Nennung angegeben. Kuriosum am Rande: Die genannte urkundliche Jahreszahl veranlasste Bürgermeister Jakob Thoma, im Jahre 1904 eine Millenniumsfeier abzuhalten. Der Mödlinger Wissenschaftler Dr. Viktor Jovanovic stellte allerdings im Verlauf seiner Forschungen die richtige Lesart der Jahreszahl mit 903 auf der alten Urkunde fest – das geschah im Jahr 1904. Und da war es für eine „echte Tausendjahrfeier" bereits zu spät.

Um das Jahr 907 dürfte die alte Ansiedlung wieder zerstört worden sein. Nach der Schlacht an der March fielen die Ungarn ein, und die Ostgrenze des Heiligen Römischen Reiches musste wieder bis an die Enns zurückgenommen werden. Erst im Jahre 955, in der Schlacht am Lechfeld, wurden die Ungarn, die bis Bayern vorgedrungen waren, geschlagen. Damit konnte die Neubesiedlung der „Mark Österreich“ beginnen. Im Jahr 996 wurde diese als „Ostarrichi“ erstmals urkundlich erwähnt. Die neue Grenze zu den Ungarn bildeten fortan die Leitha und die March. Bayern und Slawen siedeln sich nun unter den neuen Landesherren, den Babenbergern, in der „Ostmark“ des Heiligen Römischen Reiches an.

Mödling unter dem Geschlecht der Babenberger

In den Babenberger Urkunden wird im Jahre 1113 MEDILIKKA oder MEDELIKE als eigene Pfarre des Stiftes Melk bezeichnet. 1234 wird die St. Martinskirche am östlichen Ortsende als Pfarrkirche von MEDLING beurkundet, der Ort bereits mit der bajuwarischen Endung „-ling“ genannt. Die heutige Pfarrkirche St. Othmar wird erstmals im Jahre 1252 in den Heiligenkreuzer Annalen erwähnt. Damals zogen die Ungarn erneut raubend und plündernd durchs Land und brannten dabei die Kirche nieder. Der davor stehende romanische Karner mit dem barocken Zwiebelturm wurde im letzten Viertel des 12. Jahrhunderts erbaut. In den Regesten der Babenberger können wir auch von einem „Otto MEDELICHENSIS castellanus“ lesen. Dieser Burgvogt des landesfürstlichen Besitzes saß im Jahre 1114 auf der Burg Mödling. Im 12. Jahrhundert war aus der kleinen Siedlung ein respektables mittelalterliches Dorf geworden, das sein Wachsen den Verwandten der regierenden Herzöge von Österreich verdankte, den Babenbergern, die auch „Herzöge von Mödling“ genannt wurden. Reste des „Festen Hauses“, der Burganlage bei St. Othmar, ihres Gutshofes („Toppelhof“ in der Kirchengasse 8) und die Ruine der Burg Mödling erinnern noch heute an diese Mödlinger Babenberger. Der Herzoghof in der Herzoggasse 4 (Näheres siehe unter Herzoggasse) geht allerdings nicht auf sie zurück.

Im Jahre 1177, nach dem Tod von Markgraf Heinrich II. „Jasomirgott“, erhält Heinrich, der jüngere Sohn, die Herrschaft Mödling. Dabei handelt es sich um ein nicht geschlossenes Gebiet zwischen den Flüssen Piesting, Liesing, Donau und Leitha. Eine Urkunde aus dem Jahre 1182, die im Archiv des Stifts Heiligenkreuz aufbewahrt wird, behandelt eine Schenkung von

Mödling um 1870

sieben Weingärten am Wartberg (Eichkogel) von „Heinricus de MEDLICH“ an die Abtei Heiligenkreuz. Als einer der Zeugen unterschrieb ein „Gerungs de PRULE“. Und somit wird erstmals auch die Siedlung Brühl unterhalb der Burg Mödling urkundlich erwähnt.

Herzog Heinrich „Jasomirgott“ hatte vom 2. Kreuzzug aus dem Heiligen Land zwar keine kriegerischen Lorbeeren, dafür aber seine zweite Frau Theodora, eine Nichte des Kaisers von Byzanz, mitgebracht. Von Theodora hatte vermutlich deren Sohn Heinrich von Mödling die Vorliebe für Musik und Dichtkunst geerbt. Er genoss das höfische Leben auf seiner Mödlinger Burg. Das Regieren überließ er gern seinem älteren Bruder, dem Markgrafen Leopold V.

Heinrichs gleichnamiger einziger Sohn aus der Ehe mit einer frühverstorbenen böhmischen Prinzessin Richza trat, abgesehen von einem hartnäckig durchgefochtenen Streit mit dem Kloster Melk über das Patronatsrecht der Pfarre Mödling, politisch ebenfalls wenig hervor. Die beiden Mödlinger Heinriche wurden in der Literatur gelegentlich mit Heinrich dem „Grausamen“ verwechselt, der allerdings nie in Mödling residierte. An den Mödlinger Hof kamen dagegen gern zahlreiche Minnesänger und Künstler. So rühmte zum Beispiel der Minnesänger Walther

von der Vogelweide bei seinem Aufenthalt in der Burg im Jahre 1219 ausdrücklich die Freigiebigkeit am „Musenhofe".
Nach dem Tod Heinrich d. Älteren kam im Jahre 1223 sein Sohn Heinrich der Jüngere in den Besitz der Herrschaft Mödling. Als dieser aber im Jahr 1236 ohne Nachkommen stirbt, fällt der Besitz wieder an die Hauptlinie der Babenberger zurück.

Walther von der Vogelweide

In der Klause kann man entweder auf einem Steig oder auf dem weit bequemeren Weg, der durch die Jägerhausgasse führt, nach einer halben Stunde Wanderung die ehemalige Burg Mödling erreichen. Die Burg war Sitz einer Nebenlinie der Babenberger. Ihre Glanzzeit erlebte sie in der Zeit, da Heinrich Jasomirgotts Sohn Heinrich (gest. 1223) in ihren Mauern residierte. Bei diesem Gönner der Dichter und Sänger war angeblich auch Walther von der Vogelweide vermutlich im Jahre 1219 zu Gast. Die Annahme geht auf die Erwähnung Heinrich des Älteren im „Drei-Fürsten-Preis" Walthers zurück, in der sich der Minnesänger für die wohlgesinnte Aufnahme am Hofe bedankt und in dem er unter anderem sagt:
(Hier die neuhochdeutsche Nachdichtung)

Es lebt an Ruhme niemand Herrn Leopold gleich
Sein Lob klingt über alle: er mag´s er hat´s, er tut´s
Der dritte ist sein Oheim schier gleichen Edelmuts
Als einmal Welf der Reiche, des Lob war so vollkommen
Dass noch in seinem Grab ein End es nicht genommen.
Es müssten diese Sterne denn ganz und gar erbleichen,
Eh ich um Trunk Speise müsst in die Ferne streichen.

Als der Fürst 1223 starb, kamen für einige Zeit keine Minnesänger auf die Burg. Erst mit dem letzten Babenberger Friedrich II., dem Streitbaren, zog wieder Festesfreude in den Mauern ein. Der Minnesänger Neidhardt von Reuenthal erzählt in seinem Winterlied „Sumer, dîner süezen weter" von seinem tatsächlichen Aufenthalt in Mödling, wo er nach dem Verlust seines bayrischen Lehens (um 1230) und dem Übertritt nach Österreich Unterkunft erhalten hatte. Neidhardt zählte zu den Vertretern der „höfischen Dorfpoesie". Er besingt nicht mehr die ritterliche Minne, sondern zieht auf das flache Land, mischt sich unter die Bauern und erwählt die bäuerlichen Schönen zu seinen Herzensköniginnen.

Die Habsburger erheben Mödling zum landesfürstlichen Markt

Die Babenberger sorgten für Wohlstand und Blüte in Mödling. Aber auch unter den nachfolgenden Habsburger Herzögen gediehen Handel und Weinbau prächtig, und so verlieh im Jahre 1343 Herzog Albrecht II. von Österreich dem Dorf das Marktrecht: „markt ze MEDLICH" heißt es von nun an. Im Jahr 1374 wurde auch eine Schranne errichtet, die im Jahr 1548 zum Grundstein eines Renaissance-Baus für das Mödlinger Rathaus wurde.

Als Kaiser Friedrich III. im Jahre 1458 dem Markt ein eigenes Wappen verlieh, zählte das mit Palisaden und vier Toren gesicherte MEDLING bereits 250 Häuser, und am Mödlingbach befanden sich zahlreiche Wassermühlen. Der landesfürstliche Markt war wohlhabend., und man beschloss den Bau einer dritten Kirche. Im Jahr 1443 wurde die Spitalskirche mit einem angeschlossenen Bürgerspital errichtet.

Babenberger Wappen

Türken und Pest

Neuerliche Einfälle der Ungarn, Türkenbelagerungen, Reformation und Gegenreformation gingen an Mödling nicht spurlos vorüber. Der erste Türkenkrieg und der Dreißigjährigen Krieg hatten ungeheure Steuerlasten zur Folge, und im Jahre 1679 forderte die Pest viele Opfer. Als die Türken 1683 zum zweiten Mal vor Wien standen, wurde nahezu die gesamte Mödlinger Bevölkerung, die sich nach St. Othmar geflüchtet hatte, niedergemetzelt. Noch heute zeigen sich die Hiebe der Türkenkrummsäbel in der eisenbeschlagenen Tür zur Unterkirche. Die Kirche St. Othmar wurde niedergebrannt. Steirische Ansiedler bauten den Markt neu auf, aber im Jahr 1713 brach die Pest neuerlich aus. Diesmal fielen der Seuche „nur mehr" 22 Personen zum Opfer, darum errichteten die dankbaren Mödlinger die barocke Dreifaltigkeitssäule am heutigen Freiheitsplatz. Bei der Grundsteinlegung am 21. Mai 1714 war Kaiser Karl VI. persönlich anwesend.

Entwicklung unter Maria Theresia und Joseph II.

Die Verwaltungsreformen unter Maria Theresia und ihrem Sohn und Nachfolger, Joseph II., brachten gravierende Veränderungen in der Verwaltung des landesfürstlichen Marktes. Seit dem Spätmittelalter gab es immer wieder Probleme mit den Steuerleistungen von auswärtigen Besitzern, also setzte sich die Staatsgewalt für eine Vereinheitlichung der Abgaben ein und drängte auf die Durchsetzung der lokalen Steuerhoheit des Marktes.

Die josephinischen Reformen wirkten sich in den Folgejahren in vielfacher Hinsicht in Mödling aus. Josephs Klosteraufhebungen betrafen das 1631 gegründete Kapuzinerkloster, was wirtschaftsgeschichtlich durchaus bedeutsam war, wurde doch im Gebäude dieses Klosters 1786 die erste Fabrik in Mödling errichtet, die Schweizer Seidenfabrik des Giacomo Cagliano.

Damit begann die Umgestaltung der Sozial- und Siedlungsstruktur des alten Weinhauerdorfes. 1817 gab es bereits sechs Fabriken in Mödling.

Auch die Anordnung Josephs II. hinsichtlich der Verlegung von Friedhöfen aus den inneren Gemeindegebieten schlug sich in Mödling in Form von Veränderungen des Ortsbildes nieder. Die

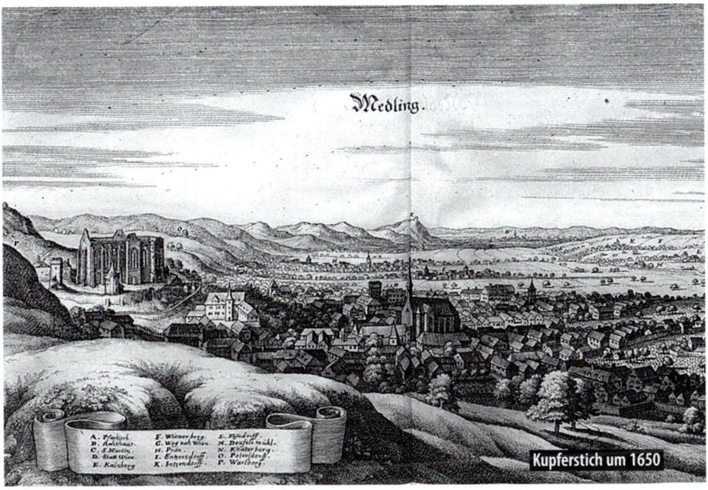

Kupferstich um 1650

alte Martinskirche, die vor allem in karolingischer Zeit für die Entwicklung Mödlings eine wichtige Rolle gespielt hatte, wurde 1787 demoliert, der Friedhof bestand zwar noch etwas länger, dennoch verlor der östliche Bereich Mödlings an Bedeutung.
Im Zeitalter der Napoleonischen Kriege dienten Mödlings Bürger im 2. Landwehrbataillon, das 1809 mithalf, den Sieg von Aspern zu erringen. Die Einquartierungen von Franzosen, der Staatsbankrott von 1811 und das zweimalige Ausbrechen der Cholera hemmten die Entwicklung des 2000 Seelen zählenden Marktes im frühen 19. Jahrhundert.

Sommergäste im Biedermeier und Fürst Liechtenstein

Das Biedermeier brachte neuen Aufschwung. Wiener Bürger suchten als Sommergäste gerne den Wienerwald um Mödling auf und fuhren mit Stellwagen und Kutschen aufs Land. Dichter, Komponisten und Maler fühlten sich gleichermaßen von Mödling angezogen. Franz Grillparzer, Ferdinand Raimund, Ferdinand Georg Waldmüller und Franz Schubert, um nur einige zu nennen, rühmten den lieblichen Ort, die romantische Brühl und die Landschaft rund um den Anninger.
Im Gasthaus „Zu den Zwei Raben" in der Vorderbrühl spielten Lanner und Strauß zum Tanz auf. Fürst Johann I. von Liechtenstein schmückte die Bergeshöhen und die Klausen mit romantischen künstlichen Ruinen. Der Schwarze Turm, die „Augengläser", das Amphitheater und auch das erste und älteste Kriegerdenkmal Österreichs, der 1813 erbaute Husarentempel, stammen aus dieser Zeit. Die Burg Mödling und die Veste Liechtenstein wurden restauriert. Zudem veranlasste Fürst Liechtenstein die Aufforstung der wildromantischen Klausen mit Schwarzföhren. Der berühmteste Sommergast aber

Die Breite Föhre nächst der Brühl bei Mödling von Ludwig Ferdinand Schnorr von Carolsfeld, 1838

war Ludwig van Beethoven. Er wohnte in der Hauptstraße im „Hafnerhaus", das heute die Beethovengedenkstätte beherbergt, und er schrieb im Jahre 1820 im „Christhof" in der Achsenaugasse seine „Missa Solemnis". Für die Musiker des Wirtshauses „Zwei-Raben" komponierte er die „Elf Mödlinger Tänze". Das sind Beethovens einzige Kompositionen, die einen Ortsnamen aufweisen.

Der Weg in die moderne Zeit

Einen besonderen Aufschwung brachte die Eröffnung der Südbahnstrecke im Jahre 1841. Richtungsweisend für den Bahnbau war das große Interesse des Kaiserhauses. Kaiser Ferdinand I. und Kaiser Franz Josef waren echte Vordenker in Sachen moderne Verkehrsmittel. Der Bau der Südbahn war ausschlaggebend für den Aufschwung Mödlings, nicht nur in wirtschaftlicher Hinsicht, sondern auch in gesellschaftlicher. Die elegante Welt gab sich ein Stelldichein im Kursalon, im Sommertheater und im Eisenmineralbad in der Pfarrgasse. Von Wien aus war der Mödlinger Bahnhof in einer halben Stunde erreichbar, dort warteten dann die kleinen grünen Straßenbahnwaggons der Hinterbrühler Elektrischen – der ersten elektrischen Bahn des europäischen Kontinents! Von 1885 bis 1932 fuhren die kleinen grünen Wagen der Elektrischen Bahn vom Mödlinger Bahnhof

Kursalon

in die Hinterbrühl, eine beachtliche Attraktion der achtziger Jahre des 19. Jahrhunderts.
Adel und Hochadel fuhren übrigens mit dem Hofzug von Mödling weiter auf der Flügelbahn ins Lustschloss von Laxenburg.

Mödling wird Stadt

Doch nicht nur tausende Sommergäste brachten dem idyllischen Weinbauort wirtschaftlichen Aufschwung. Neue Fabriken entstanden im Osten der Stadt, und die Bevölkerung wuchs rapide an. Josef Schöffel, der wegen seines Engagements um die Erhaltung des Wienerwaldes gleichsam als erster „Grüner" in die Geschichte Österreichs eingegangen ist, war von 1873 bis 1882 Bürgermeister von Mödling. Auf seine Initiative geht die Stadterhebung im Jahre 1875 zurück. Bürgermeister Josef Schöffel (1832–1910) machte sich als „Retter des Wienerwaldes" weit über die Grenzen Mödlings hinaus einen Namen. Mit Straßenpflasterungen, Gasbeleuchtungen, dem neu errichteten Krankenhaus, dem Postamt und mit der Gründung eines neuen Stadtviertels östlich der Bahn schuf er die Voraussetzungen für eine florierende Stadt. Seinen Freund, den Wiener Anatomen Dr. Hyrtl, konnte er zum Bau einer großen Waisenanstalt bewegen, in der auch der Dichter Josef Weinheber als Zögling untergebracht war.

Die Stadt wächst weiter

Bürgermeister Jakob Thoma (1890–1910) setzte Schöffels Werk fort. Kanalisation, eine Kläranlage, eine neue Wasserleitung, die Regulierung des Mödlingbaches sind sein Werk. Auch die „verspätete Tausendjahrfeier“ fällt in seine Amtszeit. Ebenfalls seiner Initiative ist die Gründung der k.u.k. technischen Militärakademie am Fuße des Eichkogels zu verdanken. Sie wurde am 4. November 1904 von Kaiser Franz Joseph eröffnet.

Die Verbindung der Vorteile einer Kleinstadt mit allen Annehmlichkeiten und der Nähe einer Großstadt veranlasste viele ehemalige „Sommerfrischler“, hier ständigen Aufenthalt zu nehmen.

1910 zählte Mödling bereits 18.000 Einwohner. Im Jahr 1912 ließ der österreichische Filmpionier Karl Juhasz die „Mödlinger Bühne“ erbauen, die Eröffnung erfolgte am 3.10.1913. Sie ist Niederösterreichs einziges noch erhaltenes Jugendstiltheater, das bis heute bespielt wird.

Das Ende der Monarchie, erste Republik und 24. Wiener Gemeindebezirk

Der Erste Weltkrieg unterbrach diese Entwicklung. Trotz der Bruderkämpfe der Parteien in der Ersten Republik war Mödling beliebter Wohnort von Künstlern. Arnold Schönberg, Anton von Webern, Anton Wildgans wohnten hier. Adolf Loos, Alban Berg, Oskar Kokoschka, Franz Theodor Csokor, Gustav Klimt, Egon Schiele, Anton Reckziegel und viele andere holten sich in Mödling ihre künstlerischen Inspirationen. Den Lyriker und Burgtheaterdirektor Anton Wildgans besuchten viele seiner Freunde in seinem Haus neben der Kirche St. Othmar. Stefan Zweig, Max Mell und auch der damals noch junge Albert Drach waren hier oft zu Gast. Die Villa in der Bernhardgasse 6, in der Arnold Schönberg von 1918 bis 1925 wohnte, ist heute Gedenkstätte für den Zwölftonmusiker.

Trotz finanzieller Probleme wurde 1928 ein Stadtbad errichtet. Das kombinierte Hallen- und Freibad im Bauhausstil galt seinerzeit als schönstes Bad Niederösterreichs. Heute bietet das 1999 von Architekt DI Adolf Straitz renovierte Bad seinen Gästen modernsten Komfort in einem herrlichen Jugendstilambiente.

Fassade des Stadtbads

Der Oktober 1938 brachte das Ende der selbstständigen Stadt. Sie wurde zum 24. Gemeindebezirk von Groß-Wien im Hitler-Deutschland. Im Zweiten Weltkrieg kam es zu massiven Zerstörungen nach Bombenangriffen, befanden sich doch in Wiener Neudorf die „Hermann-Göring-Flugmotoren-Werke", während in der Hinterbrühler Seegrotte ein unterirdischer Rüstungsbetrieb untergekommen war.

Mödling bekommt wieder das Stadtrecht in Niederösterreich

Von 1945 bis 1955 war Mödling von sowjetischen Truppen besetzt, die besonders die ehemalige Militärakademie und zahlreiche Schulgebäude der Stadt für sich beanspruchten, diese intensiv nutzten und nach ihrem Abzug in katastrophalem Zustand zurückließen. Als 1954 die sowjetische Besatzungsmacht endlich ihre Zustimmung zur Abtretung der Wiener Randgemeinden an Niederösterreich gab, wurde am 1. September den Mödlingern wieder das Stadtrecht im Land Niederösterreich zuerkannt. Es setzte nun eine rege Bautätigkeit ein. Zwischen 1955 und 1975 entstanden über 3000 neue Wohnungen. Leider mussten auf Grund des damaligen Fortschrittsglaubens auch einige historische Bauten modernen Zweckbauten weichen. Die Harmonie der schönen Altstadt blieb dennoch weitgehend erhalten. Seit 1956 gehört Mödling einem Partnerschaftsring von

europäischen Städten an. Für diese Gesinnung wurde der Stadt 1966 vom Europarat die Europafahne verliehen, und sie darf sich seither „Europastadt“ nennen.
Mödling ist Bezirkshauptstadt und verfügt über ein Bezirksgericht, ein Landespensionistenheim und ein Landeskrankenhaus. Als Schulstadt weist Mödling verschiedene Schultypen auf, am herausragendsten sind vermutlich die Höhere Lehranstalt für Mode und Bekleidungstechnik und die in ganz Österreich bekannte Höhere Technische Bundes-Lehr- und Versuchsanstalt (HTL) mit über 3000 Schülern und Schülerinnen.
Als Zeichen für eine umweltbewusste Stadt rangiert in Mödling Mülltrennung vor Entsorgung, es gibt einen neuen Wirtschaftshof und eine moderne Kläranlage.

Mödling heute

Alte Häuser, moderne Wohnviertel. Liebenswerte, altehrwürdige Geschäfte und große Einkaufsmöglichkeiten am Rand der Stadt. Eine Fußgängerzone mit ihren stimmungsvollen Häusern und Höfen, gepflegte Parkanlagen und Wanderwege und die vielfältigen Sport- und Kulturangebote machen Mödling zu einer lebenswerten Stadt. Zahlreiche Kaffeehäuser, kleine Gasthäuser, Beiseln und gehobene Gastronomiebetriebe sorgen für das leibliche Wohl der Gäste. Und wer Lust hat, kann etwa auf dem Beethovenwanderweg oder anderen gut markierten Wegen die schöne, waldreiche Umgebung erkunden. Ein gutes Glaserl Wein zum Abschluss ist natürlich auch nicht zu verachten.

Egon Schiele: Bildnis des Komponisten Arnold Schönberg (1917)

Erinnerungen

Vieles hat sich in Mödling im Lauf der Zeit verändert. Manches ist erhalten geblieben, viel ist verschwunden. Persönlichkeiten haben Mödling besucht oder hier gelebt. Bauwerke oder technische Schmankerl sind verschwunden. Einige will ich Ihnen vorstellen und Sie einladen, mit mir auf den Spuren der Erinnerung zu wandeln.

Künstler und Persönlichkeiten

Vom Mittelalter bis zur neueren Zeit kamen Musiker und Dichter sehr gerne nach Mödling. Ich stelle daher einige der Künstler vor, die in Mödling lebten, oft nur kurze Zeit, oder die nach Mödling zogen und hier blieben. Viele Künstler fühlten und fühlen sich von Mödling angezogen, Franz Schubert, Johann Nestroy, H.C.Artmann und der kürzlich verstorbene Zeichner Erich Sokol wählten Mödling sogar als ihren Wohnort.
Ferdinand Raimund nannte Mödling liebevoll die österreichische Schweiz.

Verschwunden, aber nicht vergessen

Viele Bauwerke, Häuser oder Einrichtung sind im Lauf der Jahre oder Jahrhunderte verschwunden. Zum Teil hat man sie vergessen, zum Teil erinnern Gedenktafeln oder Straßennamen an sie. Eine kleine Auswahl an solchen verschwundenen Kulturgütern wird hier angeführt.

Zerstörte jüdische Gotteshäuser

Die kleine mittelalterliche Judengemeinde aus dem 14. Jahrhundert war von der großen Judenvertreibung 1421 massiv betroffen. Noch lang danach siedelten sich keine Juden in Mödling an. Erst um 1840 machte eine zunehmende Besiedelung auch die kulturelle Betreuung der Jüdischen Gemeinde nötig. In der Reichspogromnacht 1938 wurde auch die Synagoge in Mödling zerstört. Anstelle der Synagogen finden wir heute nur mehr Gedenktafeln.

Mittelalterliche Synagoge, Kaiserin-Elisabeth-Straße 7

Hier befand sich im 14. und frühen 15. Jahrhundert das administrative und religiöse Zentrum der Mödlinger Judengemeinde, die bereits vor 1350 nachzuweisen ist. In dem im Süden gelegenen ehemaligen gotischen Hof des Hauses, der um die Jahrhundertwende abgebrochen wurde, war die sogenannte „Judenschule" untergebracht. Hier war auch die Synagoge, der eine Mikwe, ein jüdisches Bad, angeschlossen war. Die Synagoge bestand aus einem hohen Raum mit gotischem Kreuzrippengewölbe, der später durch eine Holzbalkendecke in zwei Geschosse unterteilt wurde. Die Ostwand war durch zwei kleine gotische Fenster und eine Rosette gegliedert. Das Ende der mittelalterlichen Mödlinger Judengemeinde kam mit der Judenvertreibung des Jahres 1421.

Albrecht II. von Habsburg

Ehemalige Synagoge, Enzersdorfer Straße 6

Erst um 1840 siedelten sich wieder jüdischen Bewohner in Mödling an und gründeten in den sechziger Jahren des 19. Jahrhunderts einen Bethaus-Verein. Am damals neu errichteten Mödlinger Friedhof wurde eine eigene jüdische Abteilung eingerichtet, in der im Mai 1876 die erste Beisetzung erfolgte. 1888 erwarb die „Israelitische Bethausgenossenschaft“ die Liegenschaft Enzersdorfer Straße Nr. 6, den späteren Bauplatz der Synagoge, wo zunächst in dem mit dem Grundstück erworbenen Gebäude, einer ehemaligen Schlosserwerkstätte, ein „Tempelgebäude“ eingerichtet wurde. Nach der Gründung der Israelitischen Kultusgemeinde im Jahr 1892 wurde hier nach dem Entwurf des Architekten Ignaz Nathan Reiser 1912 bis 1914 die neue Synagoge errichtet und am 16. August 1914 geweiht. Im Zuge der Pogrome der Reichskristallnacht am 9. und 10. November 1938 wurde das Gotteshaus der jüdischen Gemeinde zerstört. An die dreihundert jüdische Bürgerinnen und Bürger Mödlings sind durch das Naziregime vertrieben bzw. deportiert und ermordet worden.

Karl Nowak: Achtarmiger Chanukka Leuchter

Ein von dem Künstler Karl Nowak gestaltetes Mahnmal mit einem geknickten achtarmigen Chanukka-Leuchter erinnert an das Geschehen in der Zeit des Nationalsozialismus. Die Skulptur wurde am 26. Oktober 2003 im Rahmen der 1100 Jahrfeier Mödlings

vor dem heutigen Mehrfamilienhaus in der Enzersdorferstraße 6 feierlich enthüllt. Etwa dreißig aus ihrer neuen Heimat angereiste ehemalige jüdische Bewohnern Mödlings nahmen an dem Festakt teil An die jüdische Gemeinde und deren Opfer im Nationalsozialismus erinnern heute auch die vor den Wohnhäusern vertriebener und ermordeter Mödlinger verlegten Messingplatten, die sogenannten „Stolpersteine“. Die Stadtgemeinde schloss sich damit im August 2006 als erste Gemeinde in Österreich dem von dem Bildhauer Gunter Demnig 1997 in Berlin ins Leben gerufenen Projekt „Aktion Stolperstein“ an. Der Stolperstein vor der ehemaligen Synagoge gilt dem im Konzentrationslager Auschwitz ermordeten letzten Rabbiner von Mödling, Dr. Albert Schweiger, und seiner Frau Elza.

Verschwundene Verkehrsmittel und Fabriken

Heute fährt man entweder mit der Bahn, dem Autobus, dem Fahrrad oder dem eigenen Auto nach Mödling. Seinerzeit war es ziemlich mühsam, in die Stadt zu gelangen. Einige der seinerzeitigen Verkehrsmittel sind verschwunden.

Und auch die Fabriken, die im Osten der Stadt im Zeitalter der Technisierung entstanden sind, gibt es nicht mehr. Einige wenige Relikte sind noch vorhanden oder in Museen zu besichtigen. Ein paar sollen vorgestellt werden.

Hinterbrühl 1887

Die „Elektrische" in die Brühl

In den siebziger Jahren des vorigen Jahrhunderts begannen der Aufstieg und die Ausweitung von Mödling. Mödling wurde als Sommerfrische entdeckt. Schon Jahre zuvor hatten zahlreiche Dichter und Musiker Mödling und seine herrliche Umgebung besungen und geschildert. Unter Bürgermeister Schöffel setzte dann der Aufschwung ein. Den Leuten gefiel die Gegend so gut, dass sie hier wohnen wollten. In der Vorder- und Hinterbrühl wurde vor der Jahrhundertwende eine Vielzahl von Villen und Sommerhäusern errichtet. Nur das Erreichen dieser Domizile blieb schwierig. Der damalige Direktor der Südbahn, Dr. Friedrich Julius Schüler, plante deshalb 1881 eine Bahn als Zubringer von der Südbahn in die Brühl. 1882 wurde die Konzession erteilt, und am 22. Oktober 1883 fuhr die erste Bahn von Mödling in die Klausen: eine sehr moderne Bahn, die elektrisch betrieben wurde. Am 4. April 1884 wurde die Strecke bis in die Vorderbrühl verlängert. Die offizielle Eröffnung fand am 14. Juli 1885 statt. Den Strom erhielt die Bahn durch eine eigene Kraftstation. Drei Lokomobile und zwei alte Südbahnlokomotiven dienten als Generatoren und lieferten den nötigen Strom. Die Oberleitung bestand aus zwei unten geschlitzten Eisenrohren, in denen Metallschiffchen glitten. 18 Sitz- und 12 Stehplätze in den Trieb- und Beiwägen nahmen ausreichend Fahrgäste auf, der Betrieb blühte. Die Gesellschaft beschloss 1903, die Bahn zu reorganisieren und zu erneuern. Man schuf einen neuen Oberbau, eine leistungsfähigere Generatorenanlage lieferte mehr Strom. Die Oberleitung wurde gegen eine moderne Straßenbahnfahrleitung ausgetauscht. 10 Trieb- und 15 Beiwagen mit nunmehr 21 Sitz- und 24 Stehplätzen brachten die Fahrgäste in einem 7½ Minutenintervall von Mödling in die Vorderbühl. 1912 verzeichnete man einen Gewinn von mehr als 100.000 Kronen. Der Krieg brachte einen Rückschlag, doch bereits im Jahre 1926 beförderte man unglaubliche 950.000 Passagiere

pro Jahr. Mit der Gründung der LOBEG, der Lokal Omnibus Betriebsgesellschaft, kam aber die Konkurrenz. Diese Gesellschaft, die auf der zum Teil parallel geführten Straße die Fahrgäste rascher und ohne größere Anmarschwege zu den Haltestellen beförderte, bedeutete den Untergang der Bahn. Die Bahn wurde unrentabel. Am 31. März 1932 fuhr um 22 Uhr 26 der letzte Zug von Mödling in die Hinterbrühl. Im Layout einer Parte erschien dieser Flugzettel.

Nach einem verkehrsreichen Leben, kaum 50 Jahre alt, ging die Bahn nach längerem Siechtum dahin. Die so entrissene Elektrische wird am 31. März 1932 von der Endstelle nach Mödling gebracht und hier auf dem Friedhof der Vergessenheit (Abteilung Alteisen) beigesetzt.

Medelicha und Briel als Großeltern
Frantisek Insolvenzl und als Tante Defiziata
im Namen der Leidtragenden.

Der verschollene Beiwagen Nr. 14 tauchte zufällig 1982 wieder auf, nachdem er in einer Sandgrube in Himberg als Bauhütte gedient hatte. Er befindet sich heute im Mödlinger Stadtverkehrsmuseum.

Karl Kraus: Von Mödling in die Hinterbrühl

Veröffentlicht in der Zeitschrift „Die Fackel", Nr. 81,1901.
Der scharfzüngige Kritiker benutzte auch die Bahn in die Hinterbrühl. Mit der Fahrplangestaltung war Karl Kraus allerdings so gar nicht einverstanden. Manchmal geht es uns mit den Öffis auch heute noch so.

Die elektrische Bahn von Mödling in die Hinterbrühl gehört der Südbahn. Aber man könnte meinen, dass sie nicht Anschluss an die Südbahn sucht, sondern sie ängstlich flieht, wenn man den nachstehenden Auszug aus den diesjährigen Fahrplänen betrachtet:

Ankunft von der Brühl in Mödling 6.36
Abfahrt nach Wien:
Schnellzug 6.32
Personenzug 6.45
Fahrt in die Brühl
Ankunft 6.19 – Abfahrt 6.18, 6.51 – 6.50 usw.

Man kommt morgens aus der Brühl nach Mödling: eben ist der Südbahnschnellzug abgedampft, und auf den Personenzug muss man zehn Minuten warten. Man kommt des Abends nach Mödling: der Zug der elektrischen Bahn ist vor einigen Minuten abgegangen, und man mag eine Jause zu sich nehmen, um sich für die qualvolle Fahrt mit dem nächsten zu stärken. Sie können nicht Zusammenkommen, die Südbahn und die Elektrische! So lehrt der Fahrplan. Und wer bloß nach dem Fahrplan urteilt, müsste jene, die ihn verfasst haben, für hirnlos oder für böswillige Quäler des Publikums halten. Aber in Wirklichkeit steht es ganz anders: Südbahn und Elektrische, „sie scheinen sich zu fliehen und haben sich, eh' man es denkt, gefunden". Die Zugsverspätungen auf der Südbahn heben die Widersprüche zwischen den Fahrplänen auf. Wenn man um 6 Uhr und 36 Minuten früh nach Mödling kommt, die Karte nach Wien gelöst, ein Morgenblatt gekauft und sich eine Zigarre angezündet hat, dann fährt eben der 6 Uhr 32-Südbahnzug gemächlich in den Bahnhof. Und wenn man am Abend den Zug verlässt, der um 7 Uhr 6 Minuten in Mödling eintreffen sollte, dann kommt man just noch zu dem elektrischen Zuge zurecht, der um 7 Uhr 22 Minuten Mödling verlässt. Die Herren, die den Fahrplan der elektrischen Bahn zusammenstellten, haben mit der Regelmäßigkeit der Zugsverspätungen auf der Südbahn gerechnet. Aber leider tritt häufig ein Südbahnunglück ein: Die Züge gelangen zur richtigen Zeit in Mödling an, die schöne Fahrplankombination wird über den Haufen geworfen, und das Publikum schilt die allzu schlauen Fahrplanverfasser Dummköpfe.
Soweit die Kritik von Karl Kraus aus dem Jahr 1901.

Der 360er

1883 eröffnete die Dampftramway Krauss&Comp. ihre erste Dampftramwaylinie zwischen Hietzing und Perchtoldsdorf, welche 1887 nach Mödling verlängert wurde. 1907 wurde diese Dampftramway von den Städtischen Straßenbahnen der Stadt Wien übernommen. 1921 wurde das Reststück Mauer-Mödling auf elektrischen Betrieb umgestellt. Der 260er fuhr von Mauer nach Perchtoldsdorf, der 360er von Mauer nach Mödling. Die beiden Linien florierten auch nach dem Zweiten Weltkrieg, sonntags waren die Straßenbahnzüge richtig überfüllt. Dies war auch nach dem Gebietsänderungsgesetz 1954 so, die Wiener Linien führten nämlich die Straßenbahnlinien weiter. Allerdings brachte der immer stärker werdende Individualverkehr den Straßenbahnlinien auch an den Wochenenden immer weniger Auslastung. Die Folge war ein Streit darüber, wie dieses ganz in NÖ gelegene und erheblich defizitäre 360er-Reststück zu finanzieren sei, wobei sowohl das Land Niederösterreich als auch die Randgemeinden eine Kostenbeteiligung ablehnten. Wien war ebenfalls nicht mehr bereit, eine defizitäre Strecke im „feindlichen Ausland“ zu betreiben.

1967 kam dann leider das Ende des „niederösterreichischen“ 360ers.

Wien verlängerte 1963 die 60er-Strecke bis Rodaun. Die zwischen Mauer und Mödling verkehrende Straßenbahnlinie 360 wurde auf den Abschnitt Rodaun-Mödling verkürzt, den Abschnitt Mauer-Rodaun übernahm ab diesem Tag die Linie 60. Zu diesem Zweck wurde damals in Rodaun eine doppelseitige Schleifenanlage errichtet, deren nordöstliche Schleife heute noch vom 60er befahren wird. Die Verkehrspolitik damals war anders als die heutige. Eine zweigleisig ausgebaute und mit Gelenkzügen betriebene Schnellstraßenbahn zum Bahnhof Mödling wäre wahrscheinlich nicht eingestellt worden.
Ende November 1967 fuhr der letzte 360er, wobei sein Ende sehr „bewegt" gefeiert wurde. Die letzte Garnitur konnte erst am ersten Dezember eingezogen werden. Ab ersten Dezember 1967 fuhren statt der „360er-Wagen" Busse. Mödling hatte keinen Anschluss mehr ans Wiener Straßenbahnnetz.
50 Jahre nach der Einstellung des 360ers ist die etwas überdimensionierte südwestliche Schleife noch immer erhalten.

360er mit Schmuck für den 1. Mai 1921

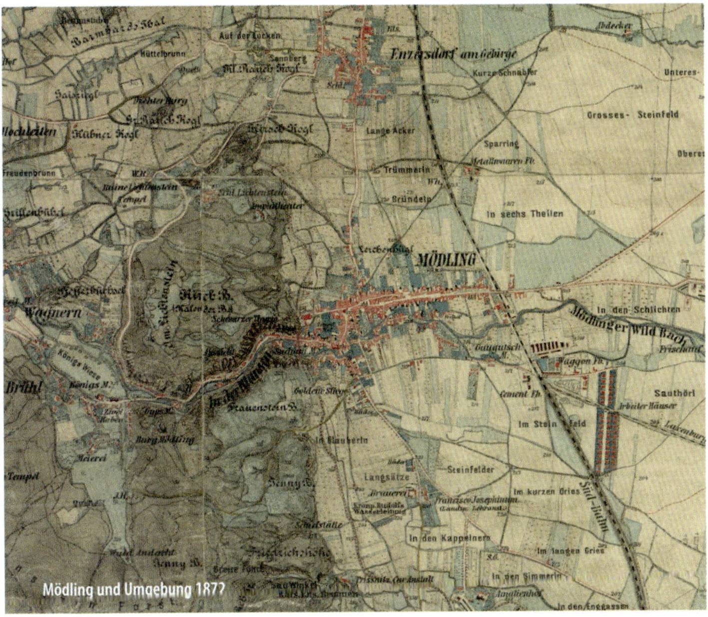

Mödling und Umgebung 1872

Die Mödlinger Lokomotivfabrik

Die Lokomotiv- und Waggonbauanstalt war einer der kurzlebigsten Industriebetriebe Österreich-Ungarns, die sich mit dem Lokomotivbau befassten. Sie wurde 1872 gegründet, stellte aber bereits zwei Jahre später auf Grund der Weltwirtschaftskrise die Lokomotivproduktion ein und wurde daraufhin aufgelöst. Die Lokomotivfabrik produzierte Waggons und andere Maschinen. Auf alten Karten wird die an einem Mühlbach des Mödlinger Wildbaches gelegene Fabrik öfter auch als Lokomotiv- und Waggonfabrik oder nur Waggonfabrik bezeichnet. Insgesamt wurden nur 40 Lokomotiven gebaut, von denen aber keine mehr erhalten ist. In dem stillgelegten Werk wurde später von Alfred Fränkel eine Schuhfabrik und die Arbeitersiedlung „Kolonie“ mit über 30 Häusern errichtet.
Der Standort der Lokomotivfabrik ist heute der Standort der Bezirkshauptmannschaft.

Mödlinger Stadtverkehrsmuseum, Thomas Tamussino-Straße 3

Um an die verschwundenen Verkehrsmittel und Linien zu erinnern, wurde 1988 ein Verein gegründet, dessen Ziel es ist, den historischen Nahverkehr des Raumes um Mödling in Theorie und Praxis zu erforschen und zu dokumentieren. In der ehemaligen Straßenbahnremise beim Bahnhof der Südbahn, einem Bauwerk aus dem Jahr 1903, wird der historische Wagenbestand ausgestellt.

Folgende Schwerpunkte werden dargeboten: die Südbahn mit den Flügelbahnen nach Laxenburg und Kaltenleutgeben, die elektrische Bahn Mödling-Hinterbrühl, die Dampftramway Krauss & Co, die Wiener Straßenbahnlinie 36, die neue Wiener Tramway-Linie Wien-Wiener Neudorf, die AG der Wiener Lokalbahnen („Badner Bahn"), die lokalen Stellwagenunternehmungen sowie historische und immer noch bestehende Autobusunternehmungen wie LOBEG, KÖB, ROB, KWD, Dr. Richard, Post. www.dr-peter-standenat.at/museum/

Korksteinfabrik, Dr. Heinrich Horny-Straße 2

Was ist eigentlich Korkstein? Korkstein ist ein aus Kork, Tonerden und Luftkalk hergestellter Baustoff, aus dem Anfang des 20. Jahrhunderts leichte Trennungswände, gewichtsmäßig unbelastete Gewölbe oder abgehängte Decken produziert wurden. Das Material diente auch zur Kälte- oder Wärmedämmung etwa von Fußböden, Kellerwänden, Fensterbrüstungen oder Eiskellern. Korkstein kam zusätzlich in der Bauwerksabdichtung zum Schutz gegen Feuchtigkeit zum Einsatz. Der Baustoff wurde in den 1880er Jahren von der Firma Grünzweig & Hartmann in Ludwigshafen erfunden und patentiert. Das Produkt entstand, indem ein Gemenge von bohnen- oder erbsengroß zerkleinerten Korkabfällen, Ton und Luftkalk zusammengerührt, dann in Formen gepresst und schließlich bei einer Temperatur von rund 120–150 Grad getrocknet wurde. Kork wurde später als Isoliermaterial durch Polystyrolbeimengung verdrängt.

Walter Bokmayer und Eugen Kleiner gründeten 1887 im Mödling eine Korksteinfabrik. Der Fabriksbau wurde 1901 errichtet und hat einen basilikaähnlichen Querschnitt. Die Korksteinfabrik A.A., vormals Kleiner und Bokmayer, war bis 1960 in Betrieb. Eine zwei-bzw. dreigeschossige Fassade mit einer Gliederung aus Sichtziegeln ist heute noch erhalten.

RÖMERQUELLE
Tchibo

Kulturspaziergänge

An Hand von vier Routen werden die Schönheiten von Mödling dem Besucher nähergebracht. Wer es eilig hat, kann entsprechend der Pläne, die bei der Touristeninformation erhältlich sind, die Routen auch beliebig kombinieren. Die Routen sind jeweils beschrieben, ein Stadtplan ist aber auf jeden Fall sehr günstig. Denn falls man eine kleine Pause einschieben möchte, ist die Planeinsicht von großem Vorteil.

Route 1 • Altstadt West

Die Route beginnt beim Freiheitsplatz. Wer mit der S Bahn anreist, geht die Hauptstraße entlang direkt zum Freiheitsplatz. Der Platz mit der Pestsäule verdient größte Beachtung. Weiter geht es durch die Herzoggasse zum Schrannenplatz mit dem Rathaus. Rechts in der Pfarrgasse am Rathaus vorbei leitet die

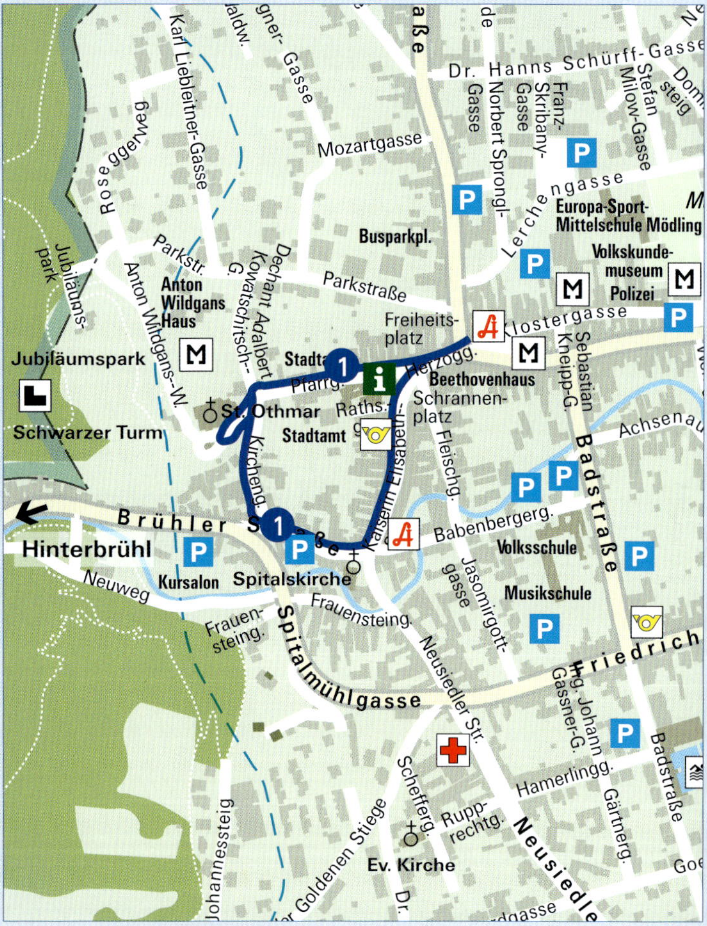

Route leicht ansteigend zur St. Othmar Kirche und dem Karner. Nach ausführlicher Besichtigung kommt man abwärts durch die Kirchengasse zur Brühler Straße, links in diese einbiegen führt zur Spitalskirche. Nach deren Besichtigung geht's dann links in die Kaiserin-Elisabeth-Straße und wieder retour zum Freiheitsplatz.

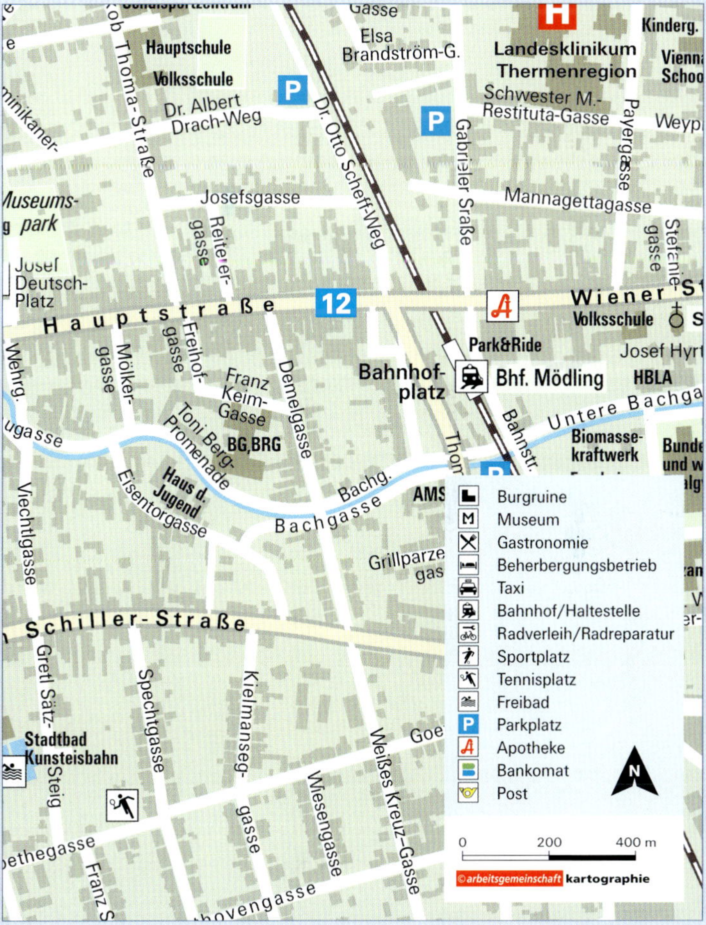

Freiheitsplatz

Wechselnde Bezeichnungen für den Platz spiegeln die jeweilige politische Geschichte Österreichs wider. Den heutigen Namen trägt der Freiheitsplatz erst seit 1945. Am Kornmarkt stand einst der Marktbrunnen, der sich heute vor dem Rathaus befindet. Seine Gewässer flossen durch das Rothgässchen (heute: Krawany Passage) in den Mödlingbach ab. Hier findet man auf engstem Raum die verschiedenen historischen Baustile, die der Stadt im Laufe ihrer Geschichte immer wieder ein neues Gesicht gaben. Die Häuser sind jedenfalls im Kern mittelalterlich, sie erhielten erst im Biedermeier ihr heutiges Aussehen. Die Wohngebäude zwischen Klostergasse, Hauptstraße, Freiheitsplatz und Josef-Deutsch-Platz wurden im Spätmittelalter auf dem bis dahin bestehenden Anger errichtet. Die für die Bauzeit charakteristischen dicken Mauern, die kleinen Fenster und die Fassadengestaltung lassen sich am Haus Freiheitsplatz 1/Ecke Hauptstraße besonders gut erkennen.

Freiheitsplatz 5, Viechtl-Wohnhaus

Das Viechtl-Haus ist ein Renaissancebau aus dem Jahr 1597, mit gotischem Kern und einem gotischen Portal im Hof, die Fassade stammt aus dem Biedermeier. Eine Gedenktafel erinnert an die besondere Bedeutung dieses Hauses für die Möd-

linger Geschichte: „In diesem Hause wohnte Wolfgang Ignatius Viechtl, Müller, in den Jahren 1676 bis 1706 Mitglied des Inneren Rathes, Kämmerer, Marktrichter und Inspector der Gemeinde Mödling, geboren im Jahre 1636. Als Wiedererbauer des von den Türken im Jahr 1683 verheerten Marktes wurde er vom Kaiser in den Adelsstand mit dem Prädicate von Viechtenburg erhoben und starb in dürftigen Verhältnissen am 21. April 1726."
Viechtl hatte nach der fast völligen Vernichtung der Mödlinger Bevölkerung 1683 vor allem steirische Zuwanderer hier ansässig gemacht.

Freiheitsplatz 6

Beim sogenannten Kostkahaus handelt es sich um das alte Öler- oder Seifensiederhaus. Das im 16. Jahrhundert durch einen Runderker im Stil der Renaissance umgebaute Haus lässt an der gestaffelten Platzfront Reste eines spätmittelalterlichen Erkers erkennen. Die gemalte Sonnenuhr stammt aus der Zeit der Erbauung. Die Jahreszahl 1503 ist aufgemalt.

Sonnenuhr am Kostkahaus

Freiheitsplatz 8

Am Übergang der Herzoggasse zum Freiheitsplatz steht das Mannagettahaus, vormals Monte-Santo-Hof, ein mächtiger Renaissancebau mit der schönsten Barockfassade der Stadt. Der rosafarbene Anstrich sticht unter den übrigen Gebäuden des Platzes hervor – die farbenfrohe Gestaltung entspricht in ihrer Buntheit dem damaligen Lebensgefühl. Der ehemalige Freihof, benannt nach dem Mödlinger Bürgermeister Johann Nowotny von Mannagetta, wurde im 16. und 17. Jahrhundert erbaut, die Fassade im letzten Viertel des 18. Jahrhunderts verändert. Das riesige Mansardendach weist beinahe die gleiche Höhe auf wie das zweigeschossige Gebäude selbst.

Freiheitsplatz 9

Der Straßentrakt stammt aus dem 16.–17. Jahrhundert, ebenso der linke Hoftrakt, der rechte Trakt stammt aus dem Biedermeier, in dieser Zeit wurde ein Umbau des Hauses vorgenommen. Reste von Rundpfeilerarkaden (im Geschäftsbereich) erinnern an die ursprüngliche Verwendung des Hauses. Vom 17. bis zum 19. Jahrhundert. war hier das äußerst beliebte Mödlinger Gasthaus „Zum Hirschen".

Pestsäule

Sie wird auch als Dreifaltigkeitssäule bezeichnet und wurde aus Dankbarkeit für die „Erlösung aus schrecklicher Bedrohung" nach mehreren Pestepidemien, die auch Mödling nicht verschonten, errichtet. Der Grundstein wurde am 21. Mai 1714 durch Kaiser Karl VI. (1685–1740) persönlich gelegt. Die figürlichen Darstellungen und die von einer Dreifaltigkeitsgruppe gekrönte Wolkensäule bestehen aus Sandstein, der unterste Bereich der Säule wurde aus Kalkstein gefertigt. Die Platten mit den Inschriften stammen aus den Marmorsteinbrüchen von Carrara. Auf Volutensockeln stehen die vier Pestheiligen Sebastian und Rochus, Karl Borromäus und Franz Xaver, am Sockel befindet sich eine Maria Immaculata, unterhalb der Westseite im Sockel ist ein Relief der Pestheiligen Rosalia eingefügt.

Ab Herbst 2007 erfolgte eine Generalsanierung. Die Säule wurde komplett abgebaut, in über fünfhundert Einzelteile zerlegt und gemäß modernen Erkenntnissen restauriert, das Fundament ebenfalls von Grund auf erneuert. Am 19. Oktober 2008 wurde sie etwas versetzt von ihrem ursprünglichen Standort wiederaufgerichtet und gesegnet. In der vergoldeten Kugel befinden sich seither eine Urkunde sowie typische Beispiele für das Alltagsleben des beginnenden 21. Jahrhundert (Handy, Münzen, USB-Stick). Die ursprünglichen Beigaben aus dem 18. Jahrhundert – eine päpstliche Urkunde und ein Gebetstext – wurden dem Museum der Stadt Mödling übergeben.

Herzoggasse

Die Herzoggasse führt vom Schrannenplatz zum Freiheitsplatz und hieß im 17. Jahrhundert „Am Platz", dann „Am Markt" wie der Schrannenplatz; um die Mitte des 19. Jahrhunderts hieß der Bereich „Auf dem Platz resp. Herzoggasse". Der Name stammt von dem Hause Nr. 4, dem sogenannten „Herzoghof", benannt nach Herzog Przemysl von Troppau, Domdechant von Wien und Pfarrer von Mödling (1475–1493).

Herzoggasse 1, St. Othmar Hof

Benannt wurde dieser prächtige Renaissance-Frühbarockbau, der heute als Wohn- und Geschäftshaus genutzt wird, nach dem 1896 auf Blech gemalten Ölbild des Heiligen Othmar über dem Tor in der Herzoggasse. Der ursprüngliche Renaissancebau besteht aus drei Gebäuden, die erst im Barock zusammengefasst wurden. Ein hohes Blendmauerwerk täuscht ein weiteres Obergeschoß vor. Die Bauzeit ist am Torbogen (1564) und am östlichen Erker (1568) angegeben.

Die mit Sgrafittibändern verzierte Fassade wurde erst 1930 freigelegt. Die Renaissance-Arkaden im Hof sind heute vermauert. Zwei Erker und ein Grabendach sind ein weiteres Zierstück des Baues. Ein barockes Deckenfresko, die Taufe Christi darstellend, befindet sich im öffentlich nicht zugängigen Salon. Die aus der Barockzeit stammende prachtvolle Ausgestaltung der heute privat genutzten Innenräume lässt sich von außen nur erahnen.

Herzoggasse 4, Herzoghof

Der Herzoghof ist ein spätmittelalterlicher, reich mit ornamentaler Malerei verzierter Profanbau aus dem zweiten Viertel des 15. Jahrhunderts und Namensgeber für die Herzoggasse. Die Fassade des dreiflügeligen Bauwerks bildet eine gemalte Scheinarchitektur in Grisaille, einer mittelalterlichen Maltechnik, die ausschließlich in Grau, Weiß und Schwarz ausgeführt ist. Als weiteres kunsthistorisch interessantes Detail ist die an der Fassade angebrachte Kopfskulptur zu nennen, die einer Legende nach einen Hausbesitzer, der sich zu weit aus dem Fenster gelehnt hatte, darstellt. Seinen Namen verdankt der Herzoghof seinem ehemaligen Bewohner Przemysl, Herzog von Troppau, der ab 1475 als Wiener Domdechant auch die Würde des

Mödlinger Pfarrers bekleidete. Als er im Februar 1493 hier in seinem Wohnhaus starb, wurde ihm in der hiesigen Pfarre ein Grabstein errichtet, der den vom Herzogshut bedeckten Schild des Fürstentums Troppau zeigt. Ein weiterer erwähnenswerter Bewohner war der Marktrichter Dr. Thomas Vögel. Er war Oberster der örtlichen Verwaltung, heute ist das der Bürgermeiste, und wurde 1683 auf der Flucht von Tartaren erschlagen.

Am 9. November 1807 erwarb Vinzenz Rachenzentner den „Herzoghof" samt dem hier seit 1696 nachweisbaren Lebzeltergewerbe. Die Lebkuchen werden hier heute wie schon seit Jahrhunderten in reiner Handarbeit nach überlieferten Familienrezepten hergestellt. Das älteste noch heute verwendete Lebkuchenrezept stammt aus dem Jahr 1856.

Der Schrannenplatz

Der Schrannenplatz ist der Mittelpunkt des neuzeitlichen Mödling. Seit dem Spätmittelalter (15. Jahrhundert) gibt es die verschiedensten Bezeichnungen für diesen Ort: „Am Markt", „Platz", „Platz neben dem Markthaus", „Rathausplatz" und (Ende des 18. Jahrhunderts) „Oberer Platz". Der Schrannenplatz ist ein regelmäßiges Viereck, wird durch eine diagonal durchziehende Straße in 2 Dreiecke geteilt, in einem steht seit 1374 das Rathaus.

Rathaus

Bereits drei Jahre nach der ersten Markterwähnung Mödlings im Jahre 1343 wird der Bestand einer örtlichen Gerichtsstätte, die im Mittelalter als Schranne bezeichnet wurde, bezeugt. In den Arkaden im Erdgeschoss der Schranne befanden sich damals Verkaufsstände. Dabei muss es sich um den Vorgängerbau des heutigen Gebäudes gehandelt haben, da erst Herzog Albrecht III. mittels einer Urkunde vom 26. Mai 1374 die Erbauung der Schranne ausdrücklich bewilligte. Dieser Bau des 14. Jahrhunderts mit seinen wuchtigen Mauern und massiven Gewölben ist im Kern erhalten geblieben. Die Schranne, Zentrum der damaligen Mödlinger Marktverwaltung, wurde 1529 durch die Osmanen stark verwüstet. Danach erfolgte ein Wiederaufbau, der im Aussehen des Gebäudes bis heute nachwirkt. Vor allem die fünf Arkadenbögen aus der Zeitz der Renaissance, von denen jetzt zwei vermauert sind, und der erhöhte Turm, der damals mit Schwalbenschwanzzinnen ausgestattet war, stammen aus dieser Epoche, ebenso das bemerkenswerte Renaissancefenster an der Nordfassade und das Fresko des hl. Michael an der Ostseite. Der Gutes gegen Böses im Leben eines Menschen abwiegende Erzengel gilt als Symbol für die Gerichtsbarkeit. Die Jahreszahl 1548 am Turm ist wohl auch auf diese Bauphase zu beziehen. Nach einer abermaligen Verwüstung 1683 wurde die Schranne 1687

völlig wiederhergestellt, der Turm erhielt sein heutiges Doppelzwiebeldach, bereits 1701 wurde eine Uhr angebracht. Unter Bürgermeister Josef Schöffel (Amtsinhaber von 1873–1882) erfolgten weitere Um- und Ausbauarbeiten. Zu Beginn des 18. Jahrhunderts wurde am Turm über dem Stiegenaufgang auch das prachtvolle Mödlinger Wappen angebracht. Dieses Wappen wurde dem Markt Mödling bereits im Jahre 1458 durch Kaiser Friedrich III. verliehen. Die Kombination des steirischen Panthers und des österreichischen Bindenschildes weist möglicherweise auf Zusammenführung beider Länder im Jahr 1457 und somit auf die Anfänge der Geschichte Österreichs hin. Die Mauerkrone auf dem Wappen wurde erst anlässlich der Stadterhebung Mödlings im Jahre 1875 angefügt. Die gut sichtbare Glocke im Turm, die die vollen Stunden schlägt, stammt aus dem Jahr 1684. Auf der Rückseite des Rathauses bilden prachtvolle Häuser, die zum mittelalterlichen Stadtkern zählen, die schmale Rathausgasse.

Posthof, Schrannenplatz 3

Seit 1449 ist hier der Bestand eines Hauses nachgewiesen. Ab 1616 wird es als Rathaus genutzt und im 18. Jahrhundert als das „Gemain Markthauß“ bezeichnet. 1849/1850 stellte die Gemeinde das Gebäude dem Staat zur Einrichtung eines Bezirksgerichtes in Mödling zur Verfügung. 1876 übersiedelte das Bezirksgericht in die Kaiserin-Elisabeth-Straße und 1987 in die Wiener Straße. Ab 1879 wurde an diesem Standort das ärarische Postamt im späthistoristischen Stil von Eugen Sehnal erbaut. Angelehnt an den Wiener Ringstraßenstil sollte das in unmittelbarer Nachbarschaft zum Rathaus liegende Gebäude mit einer drei Meter hohen Landsknechtfigur auf dem Ziergiebel die 1875 erreichte Stadterhebung Mödlings unterstreichen und war als

stilhistorisches Gegenstück zu dem einst hier befindlichen Markthaus zu verstehen. Dem Haus wurde der Name Posthof verliehen. Ab 1983 – nach der Übersiedlung des Postamtes – wurde das Haus renoviert. Heute befinden sich im Posthof ein Kaffeehaus und eine Einkaufspassage.

Pfarrgasse

Diese alte Gasse ist eine Verbindung zwischen der ältesten Burg und dem sich unterhalb dieser Anlage entwickelnden Ort. Im Mittelalter hieß sie Kirich(=Kirchen)gasse. Sie weist eine Reihe von bemerkenswerten spätgotischen Bauten (Nr. 5 mit 2 gotischen Erkern, wahrscheinlich Pfarrhof in der frühen Neuzeit) und Renaissancebauten aus dem 16. Jahrhundert (Nr. 3 und 4) und dem 17. Jahrhundert (Nr. 9) auf.

Pfarrgasse 6

Der Renaissancebau aus der ersten Hälfte des 17. Jahrhunderts besticht mit einer Rauchküche vom Ende des 18. Jahrhunderts. Aus der Zeit vor 1800 stammt auch die Fassade mit prächtigem Rundbogenportal. Hier besuchte Anfang 1861 Richard Wagner den Operntenor Alois Ander (1821–1864) in seiner Sommerwohnung, um mit ihm Vorproben zu „Tristan und Isolde“ durchzuführen. Im Garten erhielt sich bis in die fünfziger Jahre unseres Jahrhunderts. ein Gartenhaus („Salettl"), das im Volksmund „Wagnerstöckl" genannt wurde, ehe es im Sommer 1955 abgerissen wurde.

Richard Wagner, Pfarrgasse 6

In der Pfarrgasse 6 finden sich Erinnerungen an Richard Wagner. Wagner kam 29 Jahre nach seinem ersten, 13 Jahre nach seinem zweiten Aufenthalt im Jahr 1861 neuerlich nach Wien, um die Verhandlungen über eine Aufführung seines „Tristan" an der Hofoper in Gang zu bringen. In diesem Zusammenhang ist ein Brief bemerkenswert, den er in jenem Jahr an Mathilde Wesendonk gerichtet hat: „Am nächsten Morgen (am 3. September) musste ich sehr früh geweckt werden, weil ich anderen Tages mit meinem Sänger Ander ein Rendezvous in Mödling verabredet hatte. Alles fand sich in der frühesten Morgenfrische noch einmal zum Frühstück auf der Terrasse zusammen. Und mit zwei ungarischen Magnaten – Zichy und Almassy – begab ich mich auf die Rückreise bis Mödling, wo ich früh um 8 Uhr bei herrlichstem Wetter ausstieg. Es war noch zu früh, um Ander aufzusuchen; auch war ich vom vielen Reden und schließlich Redenhören ermüdet und beschloss, zuvor ein wenig mir allein anzugehören. Ich nahm einen Wagen, fuhr in das reizende Tal der Brühl; dort steht ein Vergnügungsort, der um diese Tageszeit ganz einsam war. Hinter das Haus in den Garten, mit dem Blick auf herrliche Auen und Bergwälder, prachtvoll von der frühen Sonne beleuchtet, dorthin setzte ich mich und erlebte still und einsam die erste schöne Stunde, von der ich erzählen wollte. Ich schied von dort tief beruhigt, versöhnt und beglückt."
Der gefeierte Sänger Alois Ander hielt sich in Mödling auf, um einen Kehlkopfkatarrh auszukurieren. Wagner und der Sänger besprachen die Darstellung der Titelrolle, die Ander kreieren sollte. Ander den bewohnte rückwärtigen Mitteltrakt des Hauses in der Pfarrgasse. Die Vorproben wurden in einem Gartenhaus, in dem ein Klavier stand, abgehalten. Dort hat Wagner vermutlich auch genächtigt. Zu einer Aufführung des „Tristan" ist es damals böser Intrigen nicht gekommen. Wagner wurde mit Vertröstungen abgespeist und verließ Wien wieder. 1955 ist jener Teil des Hauses, der dem Garten (der Parkstraße) zugewendet war und in dem Wagner und Ander die Aussprachen abhielten, als ein Verkehrshindernis der Spitzhacke zum Opfer gefallen.
Wie Anton Mayerhofer 1956 im „Heimatbuch für den Bezirk Mödling" berichtet, stellte der Bezirksmuseumsverein anlässlich der Abtragung des Gartenhäuschens den oberen Teil einer weiß gestrichenen Tür sicher, auf dem sich ein kurzes, mit Bleistift gezeichnetes Gedicht fand, das „nach der Überlieferung" Wagner an die Tür geschrieben haben soll. Leider ist die Schrift bis auf wenige Wörter verblasst und muss erst durch ein besonderes Verfahren entziffert werden. Wenn es nicht stimmt, dann ist es zumindest eine schöne Geschichte.

Alois Ander, Pfarrgasse 6

Komm her zu mir Geselle,
hier find'st du deine Ruh.

In dieser Landschaft der Hinterbrühl kann man sich ruhig niederlassen, gerade hier sind zahlreiche Musikstücke entstanden.

In der Pfarrgasse Nr. 6 hat seinerzeit der Hofopernsänger Alois Ander als Sommergast gewohnt. Er hat als erster Lohengrin an der Wiener Oper deren Ruf als Pflegestätte der Werke Wagners mitbegründet. Richard Wagner hat Ander, seinen Wiener Lohengrin, oft in Mödling zu langen Spaziergängen abgeholt. Und dann wanderten sie „in das ganz reizende Tal der Brühl", wie Richard Wagner es wiederholt in seinen Briefen schildert. Sowohl „Lohengrin" als auch „Tristan und Isolde" sind auf diesen Spaziergängen in allen Einzelheiten besprochen worden.

Pfarrgasse 7, Stadtamt Mödling

Dieses Haus ist seit 1485 das Haus der Mödlinger Bürgerzeche. 1762 wurde hier vom Wiener Kardinal Migazzi ein Priester-Exerzitienhaus eingerichtet. 1780 kam es als Geschenk an die Gemeinde, die hier eine Kaserne (noch 1873 in Funktion) und eine Schule (bis Anfang des 20. Jahrhunderts) einrichtete. Nach der Okkupation Österreichs diente das Gebäude als Kreisleitung (1940), seit 1945 als Gemeindeamtshaus.

Pfarrgasse 14–16

1815 entdeckte Johann Baur-Merode bei der Vertiefung des Hausbrunnens eine eisen- und schwefelhaltige Mineralquelle, die er durch die Errichtung eines Bades sowie einer Gastwirtschaft zu einer Mödlinger Attraktion machte (um 1925 noch in Betrieb). 1836 wurde das Theater, das seit den frühen zwanziger Jahren des vorigen Jahrhunderts. im ehemaligen Kapuzinerkloster eingerichtet war, hierher verlegt. Damit dürfte eine bauliche Erweiterung des Hauses (Pfarrgasse 16) zusammenhängen. Ab 1836 wurde jedenfalls hier Theater gespielt. Die Aufführungen bewegten sich auf keinem allzu hohen Niveau, gemeinsam mit dem Bad war aber jedenfalls ein sehr beliebtes Unterhaltungszentrum entstanden.

Pfarrgasse nach Nr. 18, ehemalige Burganlage

Neuere baugeschichtliche Untersuchungen haben zu der Annahme geführt, dass die Mödlinger Burg über dem Klausental nicht als älteste Burganlage gelten kann. Vielmehr war im Bereich der heutigen Othmar Kirche wohl schon früh eine befestigte Hausberganlage, später als Wehrkirche erweitert, vorhanden, die den Schutz des unterhalb gelegenen Ortes gewährleistete. Die Anfänge dieser Anlage dürften noch im 11. Jahrhundert liegen, als Burg wurde sie bis in das dritte Viertel des 12. Jahrhunderts. (Erbauung der Burg Mödling) verwendet. Nach der Errichtung der neuen Burg der Babenberger bestanden die Gebäude in der Form einer Wehrkirchenanlage bis ins 15. Jahrhundert weiter.

Pfarrkirche St. Othmar

1982 durchgeführte Grabungen haben ergeben, dass unterhalb der heutigen Stadtpfarrkirche nicht weniger als sechs Vorgängerkirchen liegen, die ab dem 9. Jahrhundert entstanden sind. Ursprünglich geplant war die Errichtung einer Wehrkirche. Von der einst sehr bedeutenden Befestigung des Kirchhofs ist wenig erhalten. Er weitet sich nach Süden aus, um dort den romanischen Rundkarner einzuschließen. Die an ihm vorbeigeführte Kirchhofmauer reicht an der Außenseite als eine den Hang stützende Mauer ca. 6 Meter hinunter. Verblieben ist ein verputzter Mauerstumpf von knapp 1,50 Meter Höhe. Die Mauer enthält zusätzlich in weiten Abständen eingelassene Schießscharten, die infolge einer Aufschüttung des Kirchhofs ganz niedrig liegen. Sie sind nur mehr an der Südseite der Mauer zu erkennen.

Nach alten Ansichten stand an der NO-Ecke der mit Schlüsselscharten ausgestatteten Kirchhofmauer ein hoher Viereckturm. An der Marktseite erhob sich ein Torbau mit einer für eine Zugbrücke

St. Othmar Innenraum

eingerichteten Toröffnung, zu der über einen Graben eine steinerne Bogenbrücke führte. Auf dem Stich von Merian, der die Kirche als Ruine darstellt, verläuft außerhalb der schon verfallenen Kirchhofmauer eine zweite Mauer, die an der Außenseite des Grabens als spätere Verstärkung angelegt ist. Im Westen erhebt sich ein viereckiger Turm, an den sich Gebäudereste anschließen. Hier befand sich die mit dem Kirchhof eine Wehrgemeinschaft bildende Burg der Herzöge von Mödling, deren Entstehung vor jener Burg Mödling liegt, die später, vom Markt weit entfernt, in der Vorderbrühl angelegt wurde.
Die erste urkundliche Erwähnung der Kirche erfolgte 1252, als die Ungarn Mödling überfielen und dabei die damalige Kirche zerstörten.
Am 13. Mai 1454, dem Montag nach dem Fest des hl. Pankratius, wurde der Grundstein für den neuen, heute noch bestehenden Kirchenbau gelegt. Die Gedenktafel dazu befindet sich über dem inneren Haupteingang. Das neue Gotteshaus wurde als dreischiffiger Hallenbau errichtet. 1523 war die Kirche fertig gestellt, sechs Jahre später brannten sie die Osmanen nieder, Dach und Gewölbe wurden zerstört. In der Folge blieb die Kirche über hundert Jahre lang verwüstet und ohne Dach. Die Hochblüte des Protestantismus im 16. Jahrhundert, aber auch die damals stark dezimierte Mödlinger Bevölkerung verhinderten die kostspielige Restaurierung einer katholischen Kirche. Ab 1618 erfolgten Sammlungen für die Wiederherstellung. So stiftete z. B. ein Salzburger 1629 den Salzburger Marmor für den Chor, wie es eine Gedenktafel am rechten Pfeiler beim Hochaltar bekundet. Um 1660/1670 war die Kirche wiederhergestellt, das heutige Gewölbe stammt aus dieser Epoche. 1683 zerstörten die Osmanen das Gotteshaus neuerlich. Der Wiederaufbau wurde 1688 begonnen,

der mächtige, viergeschossige Dachstuhl aus Tannenholz, einer der größten in Österreich, stellt ein Meisterwerk barocker Zimmermannskunst dar.

Die Inneneinrichtung ist historisch gewachsen, der Großteil stammt aus dem 18. Jahrhundert, und die Orgel wurde 1727 gebaut. Der Nepomuk-Altar im linken und der Annenaltar im rechten Querschiff stammen ebenfalls aus der ersten Hälfte des 18. Jahrhunderts. Der 1760 von Maria Theresia gestiftete Hochaltar mit der Darstellung des hl. Othmar im Abt-Ornat zeigt klassizistische Züge. Von der ursprünglichen gotischen Inneneinrichtung blieb nur das Sakramentshäuschen aus der Zeit um 1500 erhalten. Erwähnenswert sind der 1862 angefertigte Taufstein, das Weihwasserbecken sowie die zwischen 1875 und 1897 entstandenen Glasfenster. Zur 1000-Jahr-Feier Mödlings wurde in den Jahren 1903/1904 der Torvorbau in neugotischer Manier gestaltet. In den Jahren 1982/1983 fand eine umfassende Innenrestaurierung statt, bei welcher der Altarraum den liturgischen Erfordernissen des Zweiten Vatikanischen Konzils angepasst wurde. Volksaltar, Ambo, Osterleuchter, Vortragekreuz und Aufsatz mit Ewigem Licht auf dem Sakramentshäuschen stammen von dem österreichischen Bildhauer Hubert Wilfan (1922–2007) und bilden eine künstlerische Einheit.

Oberhalb der Kirche wurde 2003, im Rahmen der 1100-Jahr-Feier Mödlings, von der Mödlinger Malerin Mag. Doris Reiser ein bemerkenswerter Kreuzweg installiert. Der Blickwinkel der in Fresko-Technik gestalteten Bildstöcke zeigt den Leidensweg Christi aus der Sicht von Jesus selbst und lässt so den Weg entlang der fünfzehn Stationen zu einem besonderen Erlebnis werden.

Karner St. Pantaleon

Das älteste und markanteste Bauwerk Mödlings stammt aus dem 12/13. Jahrhundert. Wahrscheinlich ist der Karner – eine Kapelle mit Beinhaus – eine Stiftung der Babenberger. Die Stifter sind entweder die Herzöge Heinrich der Ältere von Mödling – gestorben 1223 – oder Heinrich der Jüngere – gestorben 1236. Die erste Erwähnung des Karners datiert aus dem Jahr 1345. Im Mittelalter wurden die vom Friedhof St. Otmar exhumierten Gebeine der Verstorbenen hier aufbewahrt. Die Kapelle ist dem hl. Pantaleon geweiht. Pantaleon (geboren in der Mitte des 3. Jahrhunderts, gestorben 305) ist ein frühchristlicher Märtyrer und Heiliger. Er gehört zu den vierzehn Nothelfern und ist der Patron der Ärzte und Hebammen. Die Verehrung von Pantaleon begann im 4. Jahrhundert in der Ostkirche.

Karner 1876

Die Außenwand des Karners ist durch Halbsäulen, sogenannte Lisenen, in annähernd gleich große Felder geteilt. Bis in etwa acht Meter Höhe reicht die untere, ältere Bauschicht, während der darüberliegende Teil mit großer Wahrscheinlichkeit aus der Phase des Wiederaufbaus nach der Verheerung des Ortes durch die Ungarn im Jahr 1252 stammt. Aus dieser Bauperiode stammt auch das eindrucksvolle Portal des Karners. Über dem Rundbogen des Tores ist in der Außenmauer unterhalb der Loggia ein Relief eingelassen, das eine Jagdszene zeigt. Die vierbogige Loggia darüber ist vermutlich ebenfalls in der Mitte des 13. Jahrhunderts entstanden, es handelte sich wahrscheinlich um ein Lichthäuschen, in das Lichter für die Toten gestellt wurden. Bei den Wiederherstellungsarbeiten nach dem Türkenjahr 1683 entstand 1690–1698 der heutige Glockenturm mit barockem Doppelzwiebeldach aus Holzschindeln. Von hier aus ertönen seither die Glocken der Pfarrkirche St. Othmar. Den Innenraum des Karners bildet ein Kreis mit einem

Durchmesser von 7,90 Metern. Im Untergeschoß des Karners kam es 1683 zu einem furchtbaren Massaker an den vor den Osmanen hierher geflüchteten Mödlingern. Der Karner blieb fast zweihundert Jahre lang mehr oder minder gut verschlossen. Josef Hyrtl berichtet 1870 in seiner Schrift „Der Schädel der Mödlinger Krypta“ über eine Anhäufung von Christen- und Osmanengebeinen. Schöffel schreibt in seinen Erinnerungen, dass Schulkinder die Köpfe und Gebeine zum Kegeln verwendeten. Über Auftrag Schöffels wurde der gesamte Platz des ehemaligen Friedhofs und um den Karner ab 1884 restauriert.

Der Innenraum des Karners wird vom Fresko in der Apsis beherrscht, der Darstellung einer Anbetung der thronenden Muttergottes mit dem Jesuskind durch die Heiligen Drei Könige.

Wahrscheinlich sind die Fresken Mitte des 13. Jahrhunderts entstanden. Rechts vom Triumphbogen befindet sich ein Fresko mit der Darstellung der Kreuzigung Christi, das vermutlich aus dem 14. Jahrhundert stammt. Das links vom Triumphbogen befindliche dritte Fresko des Karners ist das Fragment einer Darstellung des Jüngsten Gerichts. Im Jahr 1995 stiftete die Stadtgemeinde Mödling für den Kar-

ner einen Volksaltar, den der Mödlinger Designer Michael Weese entwarf.
Mit der Neugestaltung des Kirchenplatzes 2007 erfolgte die Anlage eines Labyrinths, das in der Anordnung der Wendepunkte ein Kreuz erkennen lässt und ein Abbild des Pilgerweges, den wir auf Erden gehen, symbolisiert. Besichtigung nach Voranmeldung in der Pfarrkanzlei.

Kirchengasse 8, Toppelhof

Der Toppelhof wird auch Doppelhof oder Töpplerhof genannt. Mit der Weinflasche, dem Doppler, hat er allerdings nichts zu tun. Auch die Überlieferung, dass einer der vielen Namen, nämlich Templerhof, nach den Tempelrittern benannt ist, fällt in den Bereich der Märchen.
Der Toppelhof zählt zu den ältesten Bauten Mödlings. Bautechnische Untersuchungen beweisen, dass es sich um ein Gebäude handelt, das seiner ganzen Anlage nach einem sogenannten „Festen Hauses“ aus dem 12. Jahrhundert entspricht. Als ältester Trakt gilt der Nordtrakt, an den um 1200 ein Quertrakt gegen Süden zu angebaut wurde. Im Keller unterhalb des aus der Barockzeit stammenden Gewölbes sind noch die Ansätze des romanischen Tonnengewölbes zu sehen. Im Spätmittelalter wurde ein weiterer Trakt angebaut, mit großer Wahrscheinlichkeit handelt es sich bei diesem Teil um den ursprünglichen Gutshof der Babenbergerherzöge.

Die erste urkundliche Erwähnung in den Mödlinger Grundbüchern als Wirtschaftshof der Burg Mödling fällt in das 15. Jahrhundert. 1512 erneuerte Kaiser Maximilian I. dem Besitzer des Freihofes das Recht auf Steuerfreiheit. Die romanische und frühgotische Bausubstanz erfuhr im 18. und 19. Jahrhundert einige Veränderungen. Der schöne Innenhof des heute im Privatbesitz befindlichen Gebäudes mit einer barocken Marienstatue (Nachbildung einer Darstellung in Maria Einsiedeln in der Schweiz) ist nur durch ein Fenster im Eingangstor zu sehen.

Spitalkirche St. Ägydius

Um die Mitte des 15. Jahrhunderts. ging man in Mödling binnen weniger Jahre an die Errichtung von zwei Gotteshäusern. Neben dem Bau der Pfarrkirche St. Othmar war es der Bau des Bürgerspitals und der dazugehörigen Kirche, die seither das Bild des Orts prägten. Knapp vor 1443 begann man nahe dem Mödlingbach, an der Gabelung der Verbindungen nach Süden und Westen, mit der Errichtung des Spitals, das vor allem als Altenheim diente, und der Kirche, die ursprünglich der hl. Katharina oder den vierzehn Nothelfern geweiht war. 1453 war der schmale spätgotische Saalbau vollendet.

Das Innere des Gotteshauses wird durch sein prächtiges Sternrippengewölbe dominiert, die auf Pfeilern ruhende Orgelempore weist ein Netzrippengewölbe auf. Die Vorhalle der Kirche stellt die Verbindung mit dem einstigen Bürgerspital dar, das auch einen direkten Zugang zur Empore hatte. 1875 wurde das Bürgerspital zu Wohnungen und Geschäftslokalen umgebaut. Auf der Südseite blieb ein idyllischer Winkel mit

Erker und kleinem Hof erhalten. In der Kirche befinden sich zwei sehenswerte Gedenktafeln des späten 16. Jahrhunderts, die Zeugnis davon geben, dass Mödlings Einwohner damals fast zur Gänze protestantisch waren und die Spitalkirche die Funktion der Pfarrkirche erfüllte, als St. Othmar nach 1529 für viele Jahrzehnte unbenutzbar war.
Im 19. Jahrhundert wurde der Bau mehrmals stark restauriert. Die Deckenmalereien, die Kirchenbänke, die Orgel und die Glasfenster stammen aus dieser Zeit. Der neugotische Grödener Schnitz-Altar mit den Figuren der Immaculata, des hl. Martin und des hl. Ägidius, dem Namenspatron der Kirche, ersetzte 1882 den früheren Barockaltar. Der Volksaltar und die Altarraumgestaltung stammen aus dem Jahr 1981. Bei den Renovierungsarbeiten im Jahr 1974 konnte die alte rote Bemalung am Dachgesims und an den Strebpfeilern wiederhergestellt werden. An der Südseite der Kirche ist ins Dachgesims ein Teufelskopf integriert, der als besonders feingliedrige gotische Arbeit auffällt. Im Turm der Kirche befindet sich die älteste erhaltene Glocke Mödlings von 1683. Der Zugang zur Kirche ist tagsüber durch das Haustor des ehemaligen Bürgerspitals möglich.

Bürgerspital

Bis zu seiner Auflassung 1875 diente das an die Kirche angeschlossenen Gebäude der Aufnahme betagter, alleinstehender Mödlinger Bürger und Bürgerinnen. „Spital“ bezeichnet im mittelalterlichen Sprachgebrauch ein Altenheim. Ein idyllischer Winkel mit gotischem Erker und kleinem Hof blieb nach dem Umbau in Wohnungen und Geschäftslokale bis heute erhalten (Zugang an der Südseite der Spitalkirche).

Kaiserin-Elisabeth-Straße

Sie ist eine der ältesten Gassen Mödlings. Ursprünglich hieß sie wegen der dort befindlichen Synagoge Judengasse, ab dem 15. Jahrhundert nannte man sie Holzgasse. Anlässlich der Stadterhebung Mödlings im Jahre 1875 wurde die Gasse in Kaiserin-Elisabeth-Straße umbenannt. Die Kaiserin-Elisabeth-Straße und der Schrannenplatz wurden im Jahr 1976 in eine Fußgängerzone umfunktioniert, dabei wurde erstmals eine durch die Stadt führende Bundesstraße zur Fußgängerzone erklärt.

Ratzhaus, Kaiserin Elisabeth-Straße 21/Ecke Babenbergergasse 2

Das Haus wird 1628 urkundlich als Backhaus erwähnt. Die Bäckerei bestand bis zum Jahr 1969. Der Name stammt von einer der Bäckerfamilien. Kaiserin Eleonore liebt besonders die Kip-

ferl der Bäckerei, und ab 1688 holten „Kipferlreiter“ die Kipferl vom Bäckermeister Franz Suchan und brachten sie an den Hof. Die Kipferlgasse bei der Bäckerei Kolm in der Hauptstraße 61 erinnert an diese Spezialität.

Mautwirtshaus – Bühne Mayer, Kaiserin-Elisabeth-Straße 22

Das Mautwirtshaus ist das älteste Mödlinger Gasthaus in Familienbesitz. Das Haus selbst wurde erstmals im Jahre 1447 erwähnt, damals hieß die Kaiserin-Elisabeth-Straße noch Holzgasse. Der Name Mautwirtshaus leitet sich von der sogenannten „Waldmaut“ ab, die bis 1868 von den mit Holz beladenen Fuhrwerken, die zum nahe gelegenen Holzmarkt unterwegs waren, an das gegenüber gelegene k. u. k. niederösterreichische „Waldamt“ entrichtet werden musste. Seit 1887 befindet sich das Mautwirtshaus im Besitz der Familie Mayer, deren Geschichte sich bis zu dem 1789 in Baden bei Wien geborenen Müller Franz Mayer zurückverfolgen lässt. Vom Vater Josef Mayer I. übernahmen Sohn Josef Mayer II. und seine in Ungarn geborene Gattin Helene das Wirtshaus. Ihr berühmtes Gulasch wurde von den Gästen als das beste zwischen Wien und Sopron gelobt und wird noch heute nach ihrem Rezept zubereitet.

Josef und Helene Mayer führten den Mautwirt durch die schwierigsten Zeiten der ersten Hälfte des 20. Jahrhunderts.

1945, in den ersten Monaten sowjetischer Besatzung, wurde das Wirtshaus in eine Volksküche umfunktioniert. Täglich konnten hier an die tausend hungrige Bewohner Mödlings mit einem Eintopfgericht versorgt werden.

1970 übernahm Franz Josef Mayer mit Gattin Hannelore das Mautwirtshaus.

Viele bekannte Persönlichkeiten waren hier zu Gast, und hier tagte auch ein „Kulturstammtisch“ – das war Ausgangspunkt für wichtige kulturelle Initiativen in Mödling.
Edda Mayer-Welley führt heute das Erbe ihres Vaters erfolgreich fort.

Kaiserin Elisabeth-Straße 10

Hier befand sich der Gasthof „Zur Krone“ mit Gasträumen in den Gewölben aus dem 16. Jahrhundert Der Verein der Naturfreunde in Mödling von 1877 machte sich um die wanderbare Erschließung des gesamten Anningermassivs und der Brühl sehr verdient. Der Besitzer des Gasthofes, Josef Biegler, war Mitglied des Vereins. Er legte um 1900 hinter dem Gasthaus einen Alpengarten mit vielen heimischen Pflanzenarten an.

Kaiserin-Elisabeth-Straße 3, Renaissancebau

Das Haus stammt aus der Renaissanceperiode des 16./17. Jahrhunderts und ist ein Beispiel für den Reichtum der Mödlinger Bürger. Bemerkenswert sind die Fresken mit einer Darstellung der Heiligen Drei Könige.

Route 2 • Altstadt Ost

Wir beginnen wieder beim Freiheitsplatz, gehen links auf der Hauptstraße bis zur Badgasse. Besichtigung des Hafnerhauses. Retour zur Hauptstraße, queren diese und gehen rechts bis zur Kipferlgasse. Links durch das kleine Gässchen zur Klostergasse. Rechts vorbei am Volkskundemuseum zum Josef-Deutsch-Platz mit dem Stadtmuseum. Links einbiegen in die Hauptstraße,

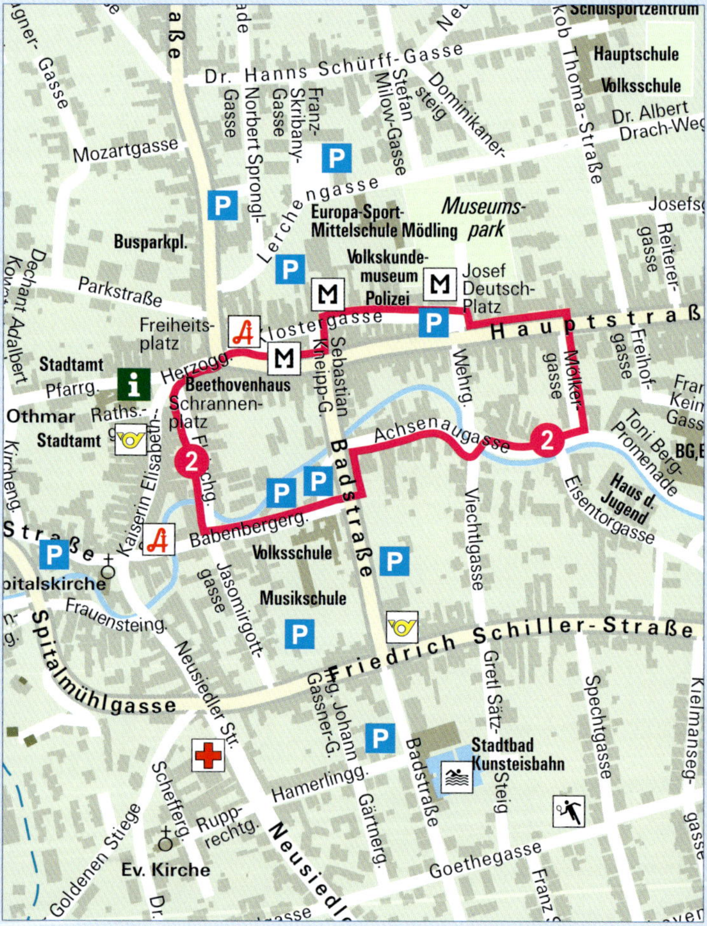

auf der linken Straßenseite vorbei an der Wassermeile bis zum Drachhof. Wir queren die Hauptstraße und gehen rechts in der Mölkergasse bis zur Achsenaugasse am Mödlingbach. Ein kurzer Abstecher über den Bach zur Eisentorgasse. Retour zur Achsenaugasse und links am Christhof vorbei zur Badgasse. Diese ein Stück nach rechts, und links in die Babenbergergasse einbiegen. Weiter bis zum Stadttheater. Retour und links in der Fleischgasse bis zur Herzoggasse und rechts zum Freiheitsplatz.

Hauptstraße

Die Hauptstraße führt vom Freiheitsplatz nach Osten bis zur Bahnbrücke und ist eine der beiden ältesten Straßen Mödlings. Früher zerfiel die Hauptstraße entsprechend den allmählichen Erweiterungen der Stadt in vier verschieden benannte Teilstücke:

1. Vom Freiheitsplatz bis Wehrgasse hieß sie um 1445 Vordere Gasse (im Gegensatz zur Hinteren Gasse = Klostergasse), um 1470 kam die Bezeichnung Am Schweinmarkt, 1491 nannte man sie Ungarstraße, ebenso wie das Ungartor nach der Ausrichtung. Anfang des 19. Jahrhunderts gab es die Benennung Herrengasse wegen einiger adeliger Hausbesitzer. Früher wurde der Teil Binderbergl genannt.
2. Vom Platz vor der Ostfront des Hauses Nr. 50 und dem Thonetschlössl hieß die Hauptstraße seit dem Ende des 15. Jahrhunderts Korn- oder Körnermarkt oder auch Alter Kornmarkt. Im 17. Jahrhundert nannte man sie Kapuzinerplatz nach dem Kloster; bis hierher reichte das älteste Angerdorf Mödlings, und hier befand sich auch ein namenloses Tor.
3. Vom namenlosen Tor beim alten Kornmarkt bis zum St. Merten- oder Ungartor bei der heutigen Nr. 33 und 34 hieß die Hauptstraße Zwischenthören, nach eben den beiden begrenzenden Toren; der Ausdruck wird so bis 1800

gebraucht, 1829 heißt es „Ehemals Zwischen-Tören“, 1842 erscheint der Name überhaupt nicht mehr.

4. Außerhalb des Ungartores bis zur alten St. Martinskirche (Waisenhauskirche) hieß die Hauptstraße Hochstraße (das deutet auf eine alte Römerstraße Richtung Wiener Neudorf) oder „Beim Zehenthof“ (Mölkerhof).

Die einheitliche Benennung in Hauptstraße erfolgte 1867.

Hauptstraße 83

Das spätmittelalterliche Bürgerhaus hat eine gestaffelte Front und ein teilweise vorgezogenes Walmdach. Im Laufe der Zeit waren die verschiedensten Gewerbe in den Gewölben untergebracht. Durch Rückversetzen eines Geschäftslokales wurde später eine kleine Passage geschaffen.

Beethovenhaus – Hafnerhaus, Hauptstraße 79

Das Bürgerhaus aus der zweiten Hälfte des 16. Jahrhunderts zeigt den Wohlstand und die wirtschaftliche Blüte Mödlings in dieser Epoche. Die Fassade wird durch zwei gotische Erker gegliedert, hervorzuheben ist vor allem der stimmungsvolle Hof mit seinen prächtigen Pfeilerarkaden und einem rund gemauerten Brunnen.

Ludwig van Beethoven (1770–1827)

Die bezaubernde Umgebung von Mödling begeisterte viele Menschen. Darunter waren viele Berühmtheiten,allen voran Ludwig van Beethoven. Zunächst zogen den Musiker die schwefelhaltigen Mineralquellen, von denen er sich Linderung seiner körperlichen Beschwerden erhoffte, nach Mödling. Aber der Reiz der Landschaft nahm ihn bald gefangen. Oft durchstreifte er die Natur und vergaß dabei nicht selten auf die Zeit. In den Jahren 1818 und 1819 wohnte er im Hafnerhaus (Hauptstraße 79), im Jahre 1820 im Christhof (Achsenaugasse 6).

In der „göttlichen Briel", wie er das Felsental zwischen Mödling und der Hinterbrühl nannte, begann seine dritte Schaffensperiode. „Ein kleines Haus allda, so klein, dass man allein nur ein wenig Raum hat. Nur einige Tage in dieser göttlichen Briel. Sehnsucht oder Verlangen, Befreiung oder Erfüllung!"
In „Bergen und Klüften und Tälern" der Brühl fand er Inspiration für sein gewaltiges Spätwerk: Diabellivariationen, Hammerklaviersonate und Missa Solemnis, aber auch das Konzept der 9. Symphonie haben ihre Wurzeln in der „göttlichen Brühl". Beethoven fühlte sich so wohl, dass er „selbst im Winter" bleiben wollte, um die „süße Stille des Waldes" zu genießen. Er spürte die wunderbare Kraft dieser faszinierenden Landschaft. Sein Wunsch war „... ganze Tage auf dem liechtensteinischen Berge zu bleiben."
Der Umzug war typisch für ihn. Mit einem vierspännigen Lastwagen ließ er Klavier, Noten und Bekleidung nach Mödling überstellen. Da er den Übersiedlungstag aber zum Genuss der Landschaft nutzen wollte, ging er das letzte Stück zu Fuß. Leider vergaß er, dem Fuhrmann, seinen Namen und die Anschrift seiner Mietwohnung zu nennen. Dafür kamen ihm alle möglichen Ideen, er machte sich Notizen und vergaß dabei auf Zweck und Ziel seiner Wanderung. So traf er erst gegen Abend in Mödling ein. Der Fuhrmann hatte jedoch, nachdem er auf dem Marktplatz zwei Stunden vergeblich auf Beethoven gewartet hatte, die Fracht auf dem Platz abgeladen und sich auf den Rückweg gemacht. Beethoven ärgerte sich zunächst, brach aber dann in schallendes Gelächter aus. Er musste, bestaunt von den vorbeikommenden Mödlingern, Helfer finden, die ihm den Hausrat bei Mondschein in die Wohnung brachten.
An die Leidenschaft Beethovens fürs Marschieren erinnert heute der Beethoven Spazierweg vom Parkplatz Goldene Stiege über die Breite Föhre, den Richardshof und den Harlehnerbrunnen bis zum Beethoventempel im Kurpark von Baden.

Seine kulturhistorische Bedeutung gewinnt das Haus dadurch, dass Ludwig van Beethoven in den Sommermonaten 1818 und 1819 hier beim Hafnermeister Jakob Tuschek wohnte. Beethoven war schon 1799 und wahrscheinlich 1810 in Mödling gewesen. Im Sommer 1818 weilte Beethoven mit seinem Neffen Karl in der Stadt. Während dieses Aufenthaltes arbeitete er an der „Hammerklaviersonate". Als besonders produktiv darf sein Sommeraufenthalt im Jahr 1819 bezeichnet werden: Beethoven bezog am 12. Mai 1819 die Räumlichkeiten im ersten Stock des rechten Hoftraktes des Hafnerhauses. Hier arbeitete er an seiner Missa solemnis, die er selbst einmal als sein größtes Werk bezeichnete. Während dieser Monate entstanden auch die elf Mödlinger Tänze, die erst 1907 veröffentlicht wurden. Ein weiteres Werk sind die im Hafnerhaus begonnenen Diabelli-Variationen, benannt nach seinem Freund, dem Komponisten und Verleger Antonio Diabelli. Die Beziehungen Beethovens zu Mödling gestalteten sich so eng, dass das Interesse des Meisters an einem Hauskauf bekundet ist, allerdings zerschlugen sich diese Absichten. Anlässlich der zweihundertsten Wiederkehr seines Geburtstages wurde 1970 im ersten Stock des Hauses in den drei Räumen, die Beethoven bewohnt hatte, eine Gedenkstätte eingerichtet. Die schlichte Einrichtung mit zeitgenössischen Möbeln spiegelt die Atmosphäre jener Tage wider, als der Meister hier wohnte.
Bilder, Fotografien und Reproduktionen geben Auskunft über Beethoven und seine Zeit in Mödling, die Faksimiles dreier Briefe Beethovens sind ebenfalls ausgestellt. Ein markantes Ausstellungsstück ist ein bespielbarer Hammerflügel der Wiener Firma Carl Stein, hergestellt in den späten Dreißigerjahren des 19. Jahrhunderts. www.museum-moedling.at/beethovenhaus

Hauptstraße 62

Das ehemalige Fassbinderhaus, es wurde bereits vor 1469 urkundlich genannt, ist ein spätgotisches Gebäude mit einem vorkragenden Erker. Ab dem Jahr 1926 befindet sich hier eine Bäckerei, deren Räumlichkeiten noch heute als Verkaufslokal für hier hergestellte Backwaren dienen. Nach der Alt-Mödlinger Spezialität wurde am 12. Dezember 2002 (um 12 Uhr mittags) der Durchgang zur Klostergasse in Kipferlgasse umbenannt.
Siehe auch unter Einkaufen in Mödling Seite 104.

Klstergasse 10

Klostergasse

Seit dem 15. Jahrhundert hieß sie Hintere Gasse, im Gegensatz zu dem Vordere Gasse benannten Teil der Kapuzinergasse so genannt, ehe sich ab ca. 1805 der heutige Name durchsetzte. In dieser Gasse befindet sich eine große Zahl von typischen Renaissancehäuser aus dem 16./17. Jahrhundert, die zum überwiegenden Teil in den letzten Jahren renoviert wurden.

Volkskundemuseum, Klostergasse 16

Das adaptierte Winzerhaus aus dem 16./17. Jahrhundert zeigt seit 1984 eine reichhaltige Sammlung von Gegenständen aus dem Alltag früherer Generationen. Exponate zum Leben, Wohnen und Arbeiten im Raum Mödling sowie über den Weinbau einst und jetzt, historische Fuhrwerke im Stadel und eine komplette Schmiede (um 1900) ergeben ein abwechslungsreiches Bild.

Holzpflug, Feuerwehrhelm, Lehrerpult bieten einen umfassenden Einblick in die Lebens-, Wohn- und Arbeitsgeschichte. Der Bauerngarten im Innenhof wurde nach dem Vorbild der alten Klostergärten angelegt. Waldland, Ackerland, eine funktionsfähige Schmiede und eine rekonstruierte Küche aus dem 19. Jahrhundert sind die Schwerpunkte des Museums. www.museum-moedling.at/volkskundemuseum

Sonderausstellung „Advent im Volkskundemuseum"
Vom ersten Adventsonntag bis zum 6. Jänner ist die seit 1995 restaurierte und in Stand gesetzte mechanische „Egerländer Krippe" aus dem 19. Jahrhundert im Museum untergebracht und für Besucher zugänglich. Der Ursprung der weit über hundert Jahre alten Krippe liegt im Egerland in Nordwestböhmen. 1926 kam sie nach Mödling und wurde in der neu gegründeten Pfarre Herz Jesu aufgestellt. Bemerkenswert sind die beweglichen Elemente, auch wenn heute eine elektronische Steuerung die ursprüngliche Mechanik, die zu betätigen eine Kunst für sich war, abgelöst hat. Figuren und Mechanik-Teile der alten Krippe werden in einem kleinen Sakralmuseum gezeigt. → *Ostern bis Dreikönige: Samstag 10–14 Uhr, Sonn- und Feiertag 14–18 Uhr*

Museum Mödling – Thonetschlössl, Josef Deutsch-Platz 2

Im Zuge der Gegenreformation wurde 1631 ein Kapuzinerkloster gegründet. Vom alten Baubestand ist im Inneren des Hauses einiges zu bestaunen, wie z.B. das alte Kirchenschiff, welches noch zur Gänze im bestehenden Bau zu sehen ist. Der ehemalige Triumphbogen ist Teil der Rückwand des Hauses, und im heutigen Festsaal des Museums ist das frühere Kirchengewölbe, verziert mit späterem Papierstuck, erhalten.

Das Kloster wurde 1785 durch Kaiser Joseph II. aufgehoben, das Vermögen der Spitalkirche übertragen. 1786 kam das Gebäude in den Besitz des Seidenmachers Giacomo Cagliano, der eine Seidenbandfabrik eröffnete. Sein Sohn Antonio betrieb von 1823 bis 1836 ein Theater für 300 Zuschauer. Er entsprach damit dem Bedarf an Unterhaltungsstätten, was die aufblühende Bedeutung Mödlings als Sommerfrische im Biedermeier zeigte.

1833 wurde das Gebäude von Ernst Heeger, einem Lehrer und Insektenkundler, ersteigert, der hier bis 1845 seine umfassende Insektensammlung unterbrachte. Die nächste Besitzerin, Altgräfin Elise von Salm, geborene Liechtenstein, baute das Haus

schlossähnlich mit einer klassizistischen Fassade um. Ihr Wappen am Giebel an der Rückseite des Gebäudes erinnert an diese Umgestaltung. 1889 kam das Gebäude in den Besitz der bekannten Wiener Möbelfabrikanten-Familie Thonet. Seit damals heißt das Gebäude „Thonet-Schlössl“, und zu dem Zeitpunkt entstand auch der größte Teil der Gartenanlage.
1930/1931 wurde das Thonet-Schlössl von der Sparkasse der Stadt Mödling angekauft und der Unterbringung des Bezirksmuseums gewidmet. Bereits am 27. April 1904 war ein eigener Mödlinger Museumsverein gegründet worden. Nachdem das Ortsmuseum 1930 in ein Bezirksmuseum umgewandelt worden war, konnte es am 9. Juli 1933 im Thonetschlössl eröffnet werden. Es bestand bis 1938, danach diente das Thonetschlössl als Verwaltungsgebäude. Ab 1945 war hier die Exekutive untergebracht, und ab 1965 fand das Museum der Stadt Mödling wieder im restaurierten Thonet-Schlössl seinen alten – neuen Platz. Wechselnde Ausstellungen mit lokalem und überregionalem Bezug sowie die neu aufgestellte und multimedial aufbereitete Geologieabteilung erwarten die Besucher. Weltweit einzigartig sind die Funde aus der Awarenzeit. Der Museumspark wurde 1956 der Öffentlichkeit übergeben und wird von der Stadtgärtnerei betreut. www.museum-moedling.at/hauptgebaeude

Gundi Dietz Wassermeile, Hauptstraße nach Josef-Deutsch-Platz

Wasser ist etwas Beruhigendes. Im Zuge der Neugestaltung der Hauptstraße in den Jahren 2011/2012 wurden Wasser- und Brunneneinbauten als Ruhezonen in die Fußgängerzone eingebunden. Die künstlerische Gestaltung der „Wasserskulpturen" wurde als Kunst im Öffentlichen Raum der Porzellankünstlerin Prof. Gundi Dietz, die in Mödling lebt und arbeitet, übertragen. Dabei entstanden drei metallene Skulpturen.

Medilihha: Die erste der drei Skulpturen ist der Brunnen am Josef-Deutsch-Platz. Das Wasser fließt aus den Händen der liegenden Quellnymphe „Medilihha". Der Name Medilihha leitet sich aus dem Slawischen ab und bedeutet träger oder trüber Bach. Die Skulptur „Medilihha" wurde im Jahr 2012 gegossen und aufgestellt.

Undine ist der zweite Brunnen der dreiteiligen Mödlinger Wassermeile: Beim Haus Hauptstraße 40 verliert sich das Wasser in einem Brunnenlabyrinth. Die stehende, aluminiumsilberne Nymphe „Undine" verfolgt die Spur des Wassers in die Tiefe, zu der es auch sie hinzieht. Die Skulptur „Undine" wurde im Jahr 2015 fertiggestellt.

Aurora bildet als dritter Brunnen den Endpunkt der Mödlinger Wassermeile: Der Bronzekopf ragt aus dem Wasser und krönt den Brunnen. Dieser aus Beton, Edelstahl und Holz gestaltete Brunnen bildet eine Brücke zwischen Wasser und Land. Der Brunnen und die Skulptur „Aurora" stammen aus dem Jahr 2012.

Anton Wildgans (1881–1932), Anton-Wildgans Weg 4

Anton Wildgans studierte ab 1900 Rechtswissenschaften an der Universität Wien. Er promovierte 1908 und war zwei Jahre als Untersuchungsrichter tätig, bis er sich für den Beruf des freien Schriftstellers entschied. Zweimal, und zwar in den Jahren 1921/1922 und 1930/1931, war er Direktor des Wiener Burgtheaters. Er war vor allem für seine sozialkritischen Werke bekannt. Wildgans setzte sich sehr für die staatliche österreichische Eigenständigkeit ein, als nach dem Ersten Weltkrieg viele an der Lebensfähigkeit des nunmehrigen Kleinstaates zweifelten. Diese positive Haltung kommt in seiner Rede über Österreich von 1930 deutlich zum Ausdruck. Mödling ließ Wildgans zum Stadtjubiläum mit folgendem Vers hochleben:

Du traute Stadt im heitern Wienerwald.
Gegrüßt und hochgelobt zu deinem Feste!
Wie ruhst du schmuck an weißer Felsenhalde
und immer überrauscht von Schirmgeäst.

Wildgans, ein gebürtiger Wiener (8. Bezirk, Josefstadt, Musik der Kindheit) lebte in einem Haus direkt neben der Othmarkirche, er starb auch in Mödling.

Drachhof, Hauptstraße 44

Hinter der gründerzeitlichen Fassade dieses Hauses verbirgt sich im Straßentrakt ein barocker Bau aus dem 18. Jahrhundert. Das Gebäude hieß ursprünglich Marienhof und ist heute nach seinen Besitzern benannt. Albert Drach (1902–1995) war ein österreichischer Jurist und Schriftsteller. 1917 kaufte dessen Vater den Marienhof in Mödling, und die Familie zog dorthin. Als Freund der Familie ermunterte Anton Wildgans den jungen Juristen zum Schreiben. Neben seiner schriftstellerischen Tätigkeit führte Drach eine Anwaltskanzlei in Mödling. Durch die Integration der Juristensprache in seine Texte entwickelte Drach mit der Zeit

den ihm eigenen „Protokollstil“. Als erster Band einer achtbändigen Gesamtausgabe seines Schaffens erschien 1964 „Das große Protokoll gegen Zwetschkenbaum“. Es wurde ein großer literarischer und buchhändlerischer Erfolg.

Mölkerhof, Hauptstraße 41

Dieser mächtige Bau mit schönem Portal stammt im Kern aus dem Mittelalter. Was sich heute als einheitlicher Baukörper mit klassizistischer Fassade aus dem letzten Viertel des 18. Jahrhunderts präsentiert, ist das Ergebnis einer jahrhundertelangen Bautätigkeit. Im Mittelalter einzeln stehende, schmalgestreckte Wohn- und Wirtschaftsgebäude wurden sukzessive zusammengelegt, umgebaut, aufgestockt und schließlich mit dem großzügigen Dachstuhl versehen, wie wir ihn heute vorfinden. Im Mittelalter lag der Mölkerhof etwas außerhalb des Zentrums am östlichen Rand des historischen Mödling. Der Name Mölkerhof bezieht sich auf das Benediktinerkloster Melk. Die Benediktiner kauften nach der Vernichtung des Marktes Mödling im Jahre 1683 durch die Türken im Jahr 1691 die öde und verfallene Gebäudesubstanz auf der Hauptstraße und bauten diese mit großem finanziellem Aufwand zu einem repräsentativen Verwaltungssitz für die landwirtschaftlichen und anderen wirtschaftlichen Besitzungen in Mödling um. Das Stift Melk war seit dem Mittelalter Eigentümer großer landwirtschaftlicher Flächen in Mödling, die vom Mölkerhof aus bis 1783 lokal verwaltet wurden.
Das Gebäude befindet sich heute in Privatbesitz und wird gemischt genutzt.

Fig. 14. — Mödling, Eisentorgasse 1 (1820), jetzt „Litschauerhof“.
(F. Loos, n.-ö. Landesbibliothek.)

Litschauerhof, Eisentorgasse 1

Dieser Gebäudekomplex mit mittelalterlichen Wurzeln befindet sich geografisch außerhalb des historischen Zentrums, südlich des Mödlingbaches und nördlich des heute nicht mehr vorhandenen Mühlbaches. Das Gebäude lag vor der Regulierung des Mödlingbaches auf einer Landzunge, umgeben von Weingärten, Wiesen und Feldern, die im Süden bis zum Eichkogel reichten, im Osten bis zur Ortsgrenze nach Wiener Neudorf.

Mit dem Gebäude war auf der Westseite ein mächtiger Torturm verbunden, das sogenannte „Eisentor“, das die Einfahrt nach Mödling und die Durchquerung der Furt durch den Mödlingbach absicherte. Der Torturm war allerdings weniger ein militärischer Bau zur Verteidigung als vielmehr ein Maut- und Zollgebäude, das der Einhebung der Mautabgaben auf eingeführte Waren an Markttagen diente.

Im Mittelalter beherbergte der Vorgängerbau das Herrenhaus des Melker „Zehenthauses“. Das Stift Melk war ja seit dem Mittelalter Eigentümer großer landwirtschaftlicher Flächen in Mödling, die von einem lokalen Amt verwaltet wurden. Nach den Verwüstungen im Zuge der Türkenbelagerung 1683 erwarb das Stift Melk ein zentrales, auf der Hauptstraße gelegenes Haus, den Mölkerhof. Die heutige Baugliederung des Litschauerhofes stammt vorwiegend aus der 2. Hälfte des 17. Jahrhunderts, die

Biedermeierfassade aus dem Jahr 1842. Die Gebäudenutzung war im Laufe der letzten 3 Jahrhunderte vielfältig, ab 1773 befand sich hier beispielsweise eine Seidenmanufaktur. Der Name Litschauerhof leitet sich von einem Vorbesitzer, dem Wein- und Spirituosenhändler Litschauer ab. Seit 1921 wird das Gebäude als Kindergarten genutzt. Es befindet sich heute im Besitz der Stadt Mödling und beherbergt den NÖ Landeskindergarten Eisentorgasse.

Christhof, Achsenaugasse 2–6

Der Christhof liegt nahe dem Mödlingbach und wird seit dem Mittelalter „In der Achsenau" genannt. Der Name leitet sich vom „Reichtum" an Eidechsen ab. Urkundlich ist dieses Gebäude seit 1445 nachgewiesen. Das Augustinerkloster in Wien war ab 1472 Eigentümer der Liegenschaft. Deshalb wurde diese auch „Der Augustiner von Wien-Hof" genannt. Eine Marmortafel erinnert an Frater Silvester Stigler, einen Mödlinger, der sich als Prior um die wirtschaftlichen Angelegenheiten des Ordens kümmerte. Kulturgeschichtliche Bedeutung erlangte der Christhof durch den Aufenthalt Ludwig van Beethovens. In einem gartenseitigen Zimmer des ersten Stockes entstanden Teile der Missa solemnis und der Klaviersonate in E-Dur, op. 109.
Das barocke Gebäude wurde im 19. Jahrhundert um- bzw. ausgebaut und steht in Privatbesitz.

Stadttheater, Babenbergergasse 5

Das Stadttheater Mödling ist das einzige Jugendstiltheater Niederösterreichs und gehört außerdem zu den Pionierstätten österreichischer Lichtspieltheater. Als besondere Attraktion galt die eigene Stromerzeugungsanlage.

Das viergeschossige Eckhaus wurde 1912/1913 errichtet. Die spätsezessionistische Fassade mit Stuckverzierungen in Form von Putten und Girlanden erstrahlt heute wieder im ursprünglichen Glanz. Der Bauherr Karl Juhasz war erfolgreicher Schausteller im Wiener Prater und Erfinder des „Kinoplastikons", eines Vorläufers des Tonfilms mit täuschend plastischer Raumwirkung. Da Juhasz in dem Gebäude auch den Betrieb eines „Kinographentheaters" vorgesehen hatte, ließ er einen fünfhundert Sitzplätze fassenden Saal mit Parterre und Balkon für Kino- und Theateraufführungen errichten. Am 3. Oktober 1913 wurde die „Mödlinger Bühne" als neueste Attraktion für Mödlings kunst- und theaterbegeisterte Bevölkerung mit dem 3. Akt der „Fledermaus" von Johann Strauss, aufgeführt vom Ensemble des St. Pöltener Stadttheaters, und einer anschließenden Filmvorführung feierlich eröffnet. In Mödling, damals noch Provinz abseits von Wien, wurden die aktuellsten Filme gespielt.

Es gastierten hier Schauspiel-Lieblinge wie Alexander Girardi oder Hansi Niese und der in Mödling lebende Komponist Arnold Schönberg. Letzterer schuf hier nicht nur die Zwölftonmusik, sondern stand auf der Mödlinger Bühne am Dirigentenpult. In der Zwischenkriegszeit wurde das Theater in Kooperation mit dem Stadttheater Baden und dem Volkstheater Wien geführt. Nach dem Zweiten Weltkrieg fanden nur mehr gelegentlich Gastspiele statt, bis in die Siebzigerjahre diente es vor allem als Kino. 1995 und 1996 erfolgte ein Umbau des Bühnen- und

Theaterbereiches. 1998 übernahmen der Intendant Bruno Max und seine Compagnie „Theater zum Fürchten“ das Haus im Repertoirebetrieb. Seit 2005 findet hier auch jährlich der „Stadttheaterball“ statt, der das Haus in die Bühne für einen der stimmungsvollsten Bälle Niederösterreichs verwandelt.
www.theaterzumfuerchten.at/StadttheaterMoedling

Fleischgasse

Der Name dieses alten Mödlinger Straßenzuges hat sich auf Grund der Aufzeichnungen in den ältesten Grundbüchern seit dem 15.Jahrhundert nicht verändert. Der Name stammt von den ursprünglich im Bereich Schrannenplatz 6 angesiedelten Fleischbänken.

Renaissancebau, Fleischgasse 1

Renaissancehaus aus dem 16. Jahrhundert mit Pfeilerarkaden.

Auslaufbrunnen, Fleischgasse nach 15

Ein klassizistischer Brunnen, verziert mit einer Mädchenfigur und Löwenkopfwasserspeiern, stammt aus der Wiener Werkstatt von Georg Brock. Er war der Hersteller zahlreicher Wiener Bassenas, von acht Auslaufbrunnen und der Gasbeleuchtung in Mödling.

Route 3 • Schöffels Vorstadt

Mit dem Bau der Südbahn erlebte Mödling einen großen Aufschwung. Die Bahn trennte nicht, sondern sie verband die alte Ortschaft mit der Hauptstadt. Und unter Bürgermeister Schöffel begann der große Aufschwung. Östlich der Bahn wurde ein großes, neues Wohn- und Industriegebiet erschlossen.

Wir beginnen unseren Rundgang am Bahnhof, beim Überqueren der Südbahn sehen wir die Fassade der ehemaligen Korksteinfabrik. Wir gehen nach Osten, besichtigen die Hyrtlsche Waisenhausanlage und die Kirche. Weiter wandern wir nach

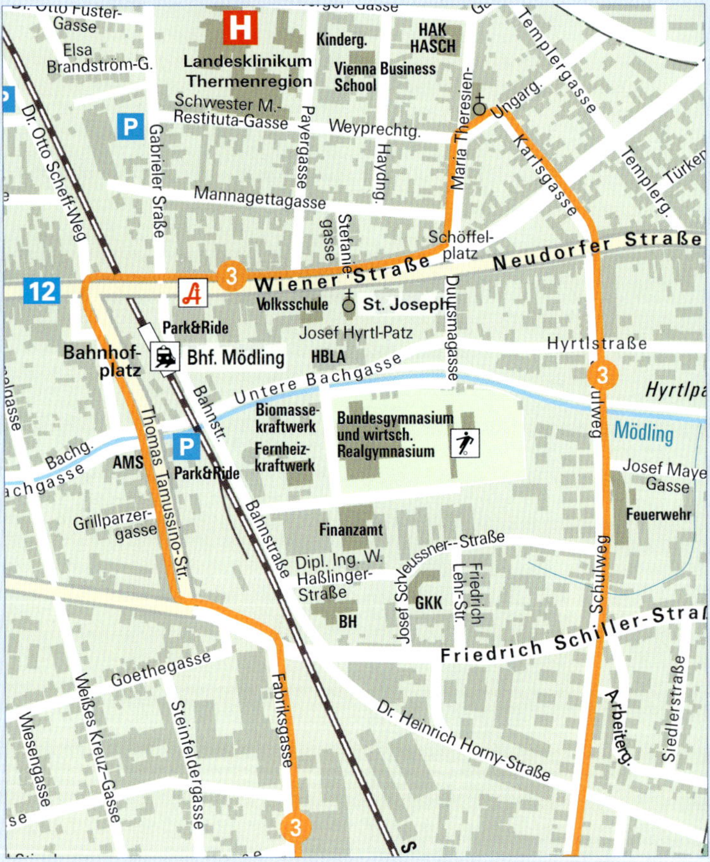

Osten bis zur Kreuzung Wiener Straße und Neudorfer Straße. Ein Stück auf der Wiener Straße bis zur Maria Theresienstraße. Ihr folgen wir bis zur modernen Herz Jesu Kirche. In der Ungargasse bis zur Karlsgasse. Querung der Neudorfer Straße, und am Schulweg bis zur Hartiggasse mit den Häusern der Kolonie. Weiter zur Südtiroler Gasse, in diese biegen wir rechts ein, gehen unter der Südbahn bis zur Fabriksgasse. Rechts in der Fabriksgasse bis zur Friedrich-Schiller-Straße. Hier sehen wir vis à vis der Bahn die ehemalige Korksteinfabrik in der Dr. Heinrich Horny Straße und gehen weiter zum Bahnhof.

Ehemaliges Hyrtlsches Waisenhaus, Josef Hyrtl Platz 4

Das im späthistorischen Stil errichtete ehemalige Waisenhaus bildet ein geschlossenes Ensemble in der Art eines englischen Colleges. Es wurde 1886 eröffnet und stand bis zum Tod seines Initiators, des früheren Mödlinger Bürgermeisters Josef Schöffel (1832–1910) unter dessen Leitung. Schöffel, der 1885 den „Verein zur Gründung und Erhaltung eines Waisenhauses" ins Leben gerufen hatte, konnte den mit ihm befreundeten, berühmten Anatomen Dr. Josef Hyrtl (1810–1894) dazu veranlassen, sein Vermögen weitgehend für die Errichtung des Waisenhauses zu stiften. An den großzügigen Stifter erinnert eine im Jahr 1902 vor der Kirche aufgerichtete Büste. In der Zwischenkriegszeit gab es in der Anstalt Platz für mehr als sechshundert Kinder. Der wohl berühmteste Zögling der Anstalt war der österreichische Dichter Josef Weinheber (1892–1945), der hier die Jahre 1901 bis 1908 verbrachte. Nach dem Zweiten Weltkrieg wurde die Anstalt von der sowjetischen Besatzungsmacht beschlagnahmt und arg in Mitleidenschaft gezogen. Die einzelnen Gebäude führen die alten Traditionen des Waisenhauses in seiner Funktion als Sitz verschiedener sozialer Einrichtungen weiter:

Im Ostgebäude am Josef Hyrtl-Platz 1 befindet sich seit 1964 das Katastrophenlager des Roten Kreuzes. Im Haus am Josef Hyrtl-Platz 2, dessen Fassade 1986 zur 100-Jahr-Feier des Waisenhauses renoviert wurde, befinden sich heute eine Volksschule, eine Sonderschule und ein Kindergarten sowie der Sitz diverser lokaler Vereine. Im architektonisch interessantesten Gebäude des Mödlinger Waisenhauses, am Josef Hyrtl-Platz 3, sind seit 1976 die Fachschule für Damenkleidermacher, die höhere Lehranstalt für Mode mit Schwerpunkt Modemanagement und Design und die Höhere Lehranstalt für Produktmanagement und Präsentation untergebracht.

Joseph Hyrtl

Geboren 1810 in Eisenstadt, gestorben 1894 in Perchtoldsdorf.
Er kam als Sängerknabe nach Wien, studierte ab 1829 Medizin und machte seinen Abschluss als Dr. med. 1835. Er war ab 1837 ordentlicher Professor der Anatomie in Prag und 1845 ordentlicher Professor an der Universität Wien. 1850 gründete er das „Museum für vergleichende Anatomie", welches er zum reichhaltigsten dieser Art machte. Er vergrößerte das 1745 von Van Swieten begründete „Museum für menschliche Anatomie". Seine Sammlungen zur vergleichenden Anatomie bedeuteten den Beginn geregelten Forschens auf diesem Gebiet. Sein Lehrbuch der Anatomie des Menschen und das Handbuch der topographischen Anatomie vermittelten die neuesten Erkenntnisse. Die anatomischen Demonstrationen verknüpfte er mit zahlreichen physiologischen und praktischen Bemerkungen, die der Anwendung der Anatomie in der Medizin und in der Chirurgie galten. Seine Festrede als Rektor (1864/1865) anlässlich der 500-Jahr-Feier der Universität Wien trug ihm zahlreiche Angriffe ein, da er sich gegen den Materialismus wandte. Der Universität Wien vermachte er eine Schenkung von 40.000 Gulden für arme, begabte Studenten der Medizin. Sein Vermögen stiftete er zur Errichtung des Waisenhauses und einer Kirche in Mödling sowie einer Kinderbewahranstalt in Perchtoldsdorf. 1874 trat er wegen zunehmender Sehschwäche in den Ruhestand. In fortgeschrittenem Alter befasste er sich mit Sprachstudien über Ursprung und Wandel der medizinischen Nomenklatur.

Waisenhauskirche St. Josef

Die älteste Mödlinger Pfarrkirche St. Martin mit ihrem Namensgeber, dem fränkischen Heiligen Martin von Tour, beweist, dass Mödling bereits im 10. Jahrhundert eine Urpfarre in Niederösterreich war.

Bis zum Jahr 1475 ist St. Martin als Pfarrkirche nachzuweisen, dann wurde sie durch die neue Othmarkirche in dieser Funktion abgelöst. Das Gotteshaus wurde durch die Türken 1529 zerstört, erneuert, 1683 wieder verwüstet und erst 1744 mit barocken Zubauten erneuert. 1787 kam es dann zum endgültigen Abbruch der Kirche. Fast genau hundert Jahre nach dem Abbruch entstand der heutige Bau der Waisenhauskirche St. Josef. Bürgermeister Josef Schöffel überzeugte den berühmten Anatomen Dr. Josef Hyrtl, sein Vermögen zum größten Teil für die Errichtung eines Waisenhauses zu stiften. 1870 wurde der Bereich östlich der Bahnlinie als Bauplatz gewählt. 1885 wurde in Mödling unter der Leitung von Josef Schöffel ein Waisenhausverein gegründet. Eugen Sehnal erbaute das Waisenhaus und die Kirche St. Josef, die am 16. November 1886 vom Wiener Erzbischof in Anwesenheit von Kronprinzessin Stephanie geweiht wurden. An den großzügigen Stifter Josef Hyrtl erinnert eine im Jahr 1902 vor der Kirche errichtete Büste. Bemerkenswert an dem einschiffigen Backsteinbau mit einer Turmhöhe von 37,50

Meter sind der Altar mit einem Baldachin auf Säulen und einem Altarbild von Heinrich Janner (Schüler Ferdinand Waldmüllers) sowie vier Statuen der Mödlinger Kirchenpatrone Martin, Othmar, Ägidius und Pantaleon über dem Eingangsportal von Vinzenz Pilz.

Josef Weinheber (1892–1945)

Einer der „Insassen" der Hyrtlschen Anstalt war der junge Josef Weinheber. Er hatte in späteren Jahren viel über seine Zeit in Mödling zu erzählen – und nicht nur Gutes.
Weinheber war nach dem Verlust beider Elternteile im Alter von neun Jahren gemeinsam mit seiner Schwester hergebracht worden und lebte hier sieben Jahre.
1923 erschien in der „Arbeiter-Zeitung" sein Fortsetzungsroman „Das Waisenhaus". In dem autobiographischen, zur Gänze in der Hyrtlschen Anlage spielenden Werk rechnet er mit der Anstalt kräftig ab. Sowohl die geistlichen Schwestern als auch die Aufseher und die Mitzöglinge kommen denkbar schlecht weg. Weinheber spricht von „aufgedunsenen Nonnen", „böswilligen Kameraden", von diversen Demütigungen und von „Dressur".

Herz Jesu Kirche, Maria-Theresien-Gasse 16

Ab Jänner 1925 ist Neumödling als eigene Pfarre konstituiert und damit von der alten Zugehörigkeit nach St. Othmar gelöst. Ein eigener Kirchenbau war bereits in den dreißiger Jahren geplant, kam aber lang nicht zur Durchführung.
Die neue Kirche wurde nach den Plänen von Franz Andre 1970 errichtet. Die Pfarre wird seit ihrem Bestehen von St. Gabriel betreut.

Ehemalige Herz Jesu Kapelle, Maria-Theresien-Gasse 22

Nach der Gründung des Missionshauses St. Gabriel (1889) übernahmen die Patres die Seelsorge in der Schöffelvorstadt. 1908 begründeten Msgr. Johann Panholzer aus Wien und dessen Schwester, Theresia Panholzer, die „Johann und Theresia Panholzersche Kaiserjubiläums-Kinderheim-Stiftung" in der Maria-

Theresien-Gasse. 1909 entstand die Kapelle. Hier wurden in der Kinderkapelle bis zum Neubau der Herz Jesu Kirche die Gottesdienste abgehalten. Das frühere Gotteshaus dient der Pfarre Neumödling heute als Veranstaltungssaal, das Gebäude wurde in den letzten Jahren renoviert.

Die Kolonie, Hartigstraße 2–36

Die Kolonie, auch als Schusterhäuser bekannt, ist eine denkmalgeschützte Arbeitersiedlung.

Wie bereits erwähnt, gab es in Mödling eine Lokomotivfabrik, einen der kurzlebigsten Industriebetriebe Österreich-Ungarns, die sich mit dem Lokomotivbau befassten. Nach drei Jahren Bestand wurde sie aufgelöst. In dem stillgelegten Werk richtete Alfred Fränkel später eine Schuhfabrik ein. Heute befindet sich übrigens an eben diesem Standort die Bezirkshauptmannschaft. Zeitgleich mit der Gründung der Fabrik wurde auch eine Arbeitersiedlung mit über 30 Häusern errichtet. Diese Siedlung, die später als „Kolonie" oder wegen der zugehörigen Schuhfabrik auch als Schusterhäuser bezeichnet wird, besteht heute noch und wurde 1979 unter Ensembleschutz gestellt.

Bauweise der Häuser

Alle 39 gleich konzipierten Häusern weisen jeweils mit einer Giebelwand zur Straßenfront. Zu einander halten sie einen Abstand von etwa 20 Metern. Die Grundfläche jedes der Massivbauten aus Ziegel beträgt 12x19 Meter. Dazwischen liegende Flächen werden als Gärten genutzt. Alle Häuser sind ebenerdig mit einem ausgebauten Dachraum und nur teilweise unterkellert. Die Eingänge zu den Wohnungen befinden sich gartenseitig. Die grob verputzten Fassaden sind an der Wetterseite (Westen) durch Holzschindeln verkleidet. Bereits im Juli 1873 waren die ersten elf Häuser in der oberen Kolonie bezugsfertig. In jedem dieser Häuser waren ursprünglich vier kleine Wohnungen untergebracht, wobei alle Räume über die Küche erreichbar waren. Im Verkauf der Lokomotivfabrik im Jahr 1883 an den Schuhfabrikanten Alfred Fränkel waren auch die Koloniehäuser mit inbegriffen. Die Schuhfabrik nahm 1884 den Betrieb auf, und in der Kolonie wurden Werksangehörige untergebracht, die dort bereits Schuhe und Stiefel in Heimarbeit vorfertigten. Aus dieser Zeit stammt auch die Bezeichnung Schusterhäusl für die Kolonie. Um den Lebensunterhalt etwas aufzubessern, wurden auch Bettgeher aufgenommen. Im ersten Haus der unteren Kolonie war ein Gemischtwarenhandel mit Fleischbank als Nahversorger untergebracht. Später wurde an dieser Stelle ein Konsumgeschäft eingemietet. Im Jahr 1900 waren alle Häuser an das öffentliche Abwassersystem angeschlossen. 1902 schloss Fränkel die Schuhfabrikation und verlagerte sie nach Rumänien. Viele Schuster wanderten daraufhin ab.

Kolonie 1924

Nach dem Ersten Weltkrieg kaufte die Stadt Mödling von den Erben Fränkels die Siedlung. 1920 wurde der Kauf abgeschlos-

Kolonie 1924

sen. Das Fabrikgelände wurde von der Stadtgemeinde um eine Millionen Kronen erworben. Die Siedlung selbst wurde an die Gemeinnützige Bau- und Wohnungsgenossenschaft Mödling um zwei Millionen Kronen verkauft. Im Jahr 1921 begann man die Schusterhäusel umzubauen. Der Dachraum wurde von außen zugängig gemacht, sodass im ganzen Haus acht Kleinwohnungen statt der bisherigen vier zur Verfügung standen.
Jede einzelne Wohnung bekam 50 Quadratmeter „Garten" zugeteilt. Hier wurden Schuppen oder Ställe für Kleintierhaltung angelegt.
1934 wurde eine hölzerne Notkirche errichtet. Die Kirche, der Gottesmutter geweiht, war eine Filialkirche der Herz Jesu-Pfarre in Mödling und wurde von den Steyler Missionaren aus dem Missionshaus St. Gabriel betreut.
Im Jahr 1960 wurde anstelle der abgetragenen Häuser Hartigstraße 1 und 3 eine Grünanlage errichtet. 1974 wurden weitere Häuser in der oberen Kolonie abgerissen, an deren Stelle Einfamilienhäuser entstanden. Schon zuvor, 1960, hatte es einige Abrisse gegeben, weitere Abrisse waren geplant. Deshalb wurde 1977 vom Verein zur Erhaltung der Kolonie eine Unterschriftenaktion gestartet. Im September 1978 wurde die Siedlung unter Denkmalschutz gestellt.

In der Folge wurden zahlreiche Infrastruktureinrichtungen, wie Erdgas, Telefon, etc. erneuert und saniert. Auch die Straßen wurden durch gezielte Baumaßnahmen vom Durchzugsverkehr befreit. Im Wohnbereich selbst wurde durch Zusammenlegungen ein modernes Raumkonzept geschaffen. Der Verein

Korksteinfabrik

Siehe Kapitel: Verschwunden, aber nicht vergessen auf Seite 41

Franz Grillparzer (1791–1872)

Der grantige Hofrat tankt frische Luft und Lebensfreude

In seinen Lebenserinnerungen schreibt Grillparzer, scheinbar voller Lebensfreude: „In den ersten Jahren seit dem Erwachen meines Bewusstseins wurde das Traurige unserer Wohnung dadurch gemildert, dass mein Vater gemeinschaftlich mit seiner Schwiegermutter und einem seiner Schwäger ein großes Haus in Enzersdorf am Gebirge kaufte, das Raum genug bot, um drei Familien, ganz abgesondert voneinander zu beherbergen." In diesem Haus verbrachte er einige Sommer.

Man sieht also, die Thermenregion belebte auch den großen österreichischen Dichter. Hier soll er angeblich zu seinem Drama „Die Ahnfrau" inspiriert worden sein. Seine „Notizen" ritzte Grillparzer mit dem Stein seines Ringes in das Fensterglas, wo sie heute noch zu sehen sind. Johann Joseph Graf von Seilern Aspang war von 1778 bis 1818 Eigentümer des Schlosses Hunyadi in Maria Enzersdorf und hatte einen früh verwaisten Neffen in sein Haus aufgenommen. Im Jahr 1812 verpflichtete er Franz Grillparzer als Hauslehrer für seinen Neffen.
Franz Grillparzer verbrachte seine Jugendzeit im Nachbarort Maria Enzersdorf, hielt sich aber später auch in Mödling, in der Elisabethstraße 14 sowie in der Brühlerstraße 52, auf.

Route 4 • Am Fuße des Eichkogels

Bei dieser Route besuchen wir das Wohngebiet südlich der Klausen. Hier haben Ende des 19. und Beginn des 20. Jahrhunderts. wohlhabende Bürger ihre Häuser erbaut. Mödling errichtet die HTL am Fuße des Eichkogels, eine evangelische Kirche und zahlreiche interessante Bauten präsentieren sich entlang unserer letzten Route.

Ausgangspunkt ist der Bahnhof. Von hier queren wir die Thomas Tamussino Straße und gehen rechts in die Bachgasse und

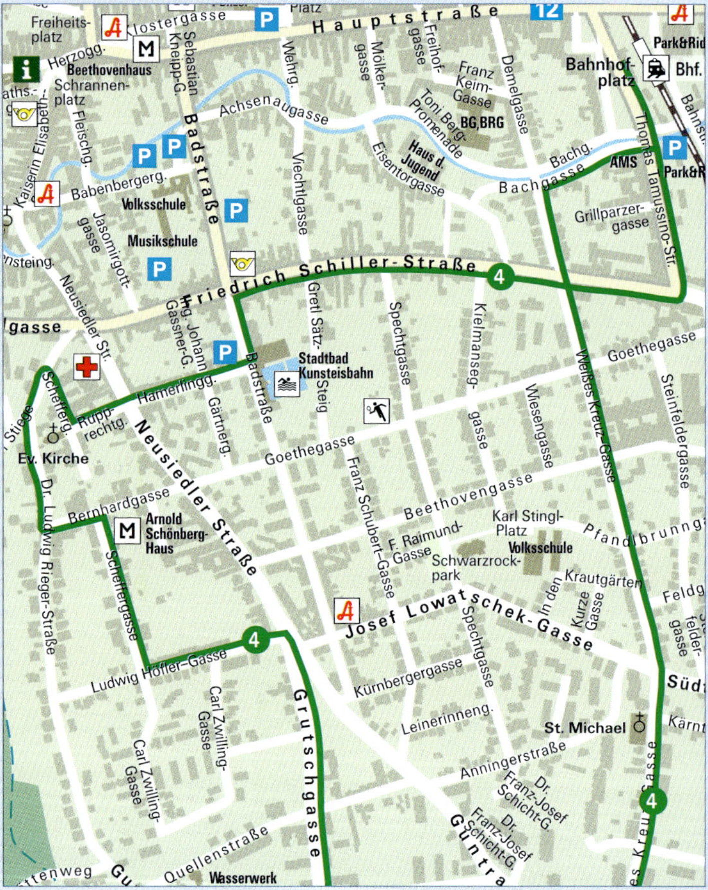

links in die Demelgasse. Weiter in der Weißes Kreuz Gasse zur Guntramsdorfer Straße. Rechts zur HTL. Rechts in der Grutschgasse bis zur Ludwig-Höfler-Gasse, dann rechts in der Scheffergasse zur Bernardgasse zum Arnold Schönberg Haus. Links in der Bernardgasse weiter bis zur Dr. Ludwig-Rieger-Straße. Auf dieser rechts zur Evangelischen Kirche. Dann die Rupprechtgasse abwärts, die Neusiedler Straße queren, wir kommen in die Hamerlinggasse und gehen weiter bis zur Badstraße. Wir landen direkt beim Stadtbad. Links in der Badstraße bis zur Achsenaugasse und rechts zum Bahnhof.

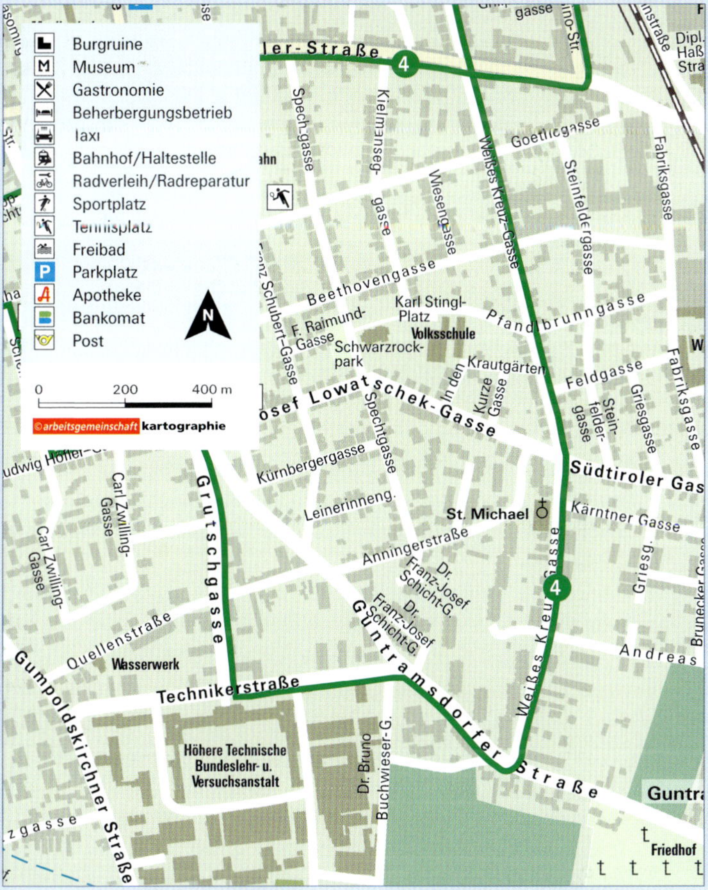

Höhere Technische Bundeslehr- und Versuchsanstalt HTBLVA
Technikerstraße 1–5

Die berufsbildende höhere Schule (Höhere technische Lehranstalt) mit angeschlossener Versuchsanstalt (HTBL u VA) in Mödling, die aus der k. u. k. Technischen Militärakademie Mödling hervorging und ca. 3500 Schüler ausbildet, gilt als größte Schule Europas.

Sie ist in den Gebäuden der ehemaligen k. u. k. Technischen Militärakademie untergebracht. Bis 1904 befand sich diese in der Stiftskaserne in Wien. Da die Gebäude der Stiftskaserne nicht mehr den Ansprüchen einer technischen Militärakademie entsprachen, beschloss man einen Neubau in Mödling am Abhang des Eichkogels.

Im Jahr 1901 wurde mit dem Bau des Hauptgebäudes und weiteren 25 Einzelgebäuden nach den Plänen des Militäringenieurs Paul Acham begonnen, und im November 1904 konnte Kaiser Franz Joseph die Akademie feierlich eröffnen. Bis zu 370 Schüler konnten zu diesem Zeitpunkt in der Akademie leben und unterrichtet werden, dafür war eine eigene autarke Infrastruktur geschaffen worden. Neben den für den militärischen Betrieb notwendigen Einrichtungen wie Ställen und Exerzierplätzen gab es eine eigene Gärtnerei, eine Fleischerei, einen Kranken- und

Isolierpavillon, mehrere Bibliotheken, ein Schwimmbad, ein Friseurzimmer usw.

Nach dem Ersten Weltkrieg wurde der Lehrbetrieb 1919 unter dem Namen „Deutsch-österreichische Technisch-gewerbliche Staatslehranstalt in Mödling“ in vier Abteilungen (Tiefbau, Hochbau, Maschinenbau und Elektrotechnik) aufgenommen. Zehn Jahre später besuchten bereits über 1000 Schüler die HTL. Ab dem Anschluss Österreichs an das Deutsche Reich 1938 traten einige Änderungen im Lehrplan ein. Ab dem Schuljahr 1938/1939 wurden die Fächer „Menschliche Erblehre und Rassenpflege“ und „Einführung in den Luftschutz“ unterrichtet. Teile des Gebäudes wurden in Tarnfarben gestrichen, und vermehrt wurde eine vormilitärische Ausbildung im Rahmen der körperlichen Übungen betrieben.

Der Unterricht wurde am 30. März 1945 komplett eingestellt. Da die sowjetischen Truppen immer näher rückten, wurde am 4. April der Befehl zum Sprengen der Anstalt gegeben, um diese nicht den Besatzern zu überlassen. Da der Sprengbeauftragte jedoch untertauchte, kam es nie dazu. Im April 1945 wurde im Hauptgebäude ein Kriegsspital für bis zu 2.000 Verwundete eingerichtet, nach einer Reduktion der Spitalsplätze konnte der Schulbetrieb im Juni 1945 mit 200 Schülern wieder aufgenommen werden.

Die sowjetischen Besatzer übernahmen 1951 das gesamte Schulareal mit Ausnahme der Werkstätten. Die HTL Mödling wurde daraufhin auf insgesamt neun Standorte in ganz Mödling aufgeteilt. Bis zu Beginn 1959 wurden nach und nach alle ehemaligen Standorte zurückgegeben, und der Schulbetrieb konzentrierte sich wieder auf das ursprüngliche Areal der HTL Mödling. Es folgten mehrere Renovierungs- sowie Umbauarbeiten.

Heute umfasst die HTL 10 höhere Abteilungen, 7 Fachschulen sowie 7 Kollegs. Ca. 3.500 Schülerinnen und Schüler besuchen die HTL. Sie ist eine der größten dieser Art in Europa. htl.moedling.at/home/

Höflerhäuser, Ludwig-Höfler-Gasse 4–36 (nur rechte Seite)

Ludwig Höfler, er zählte in der Monarchie zu den größten Fenster- und Türenherstellern, erbaute im Jahr 1913 eine Zeile Reihenhäuser. Diese wurden seinerzeit als viel zu kleine „Winzighäuser" belächelt und kritisiert, aber eigentlich nahmen sie die Maße der modernen Reihenhäuser vorweg. Geplant wurde die Reihenhausanlage von den Architekten Karl Lehrmann und Rüdiger Walter.

Arnold Schönberg Haus, Bernhardgasse 6

Das einstöckige Haus mit dem runden und spitzen Eckturm wurde 1905 erbaut. Es darf als die Geburtsstätte der Zwölftonkomposition gelten.

Anfang April 1918 zog der Komponist Arnold Schönberg in das Haus in der Bernhardgasse ein, in der Folge entwickelte es sich in ein wichtiges kulturelles Zentrum. Hier trafen ihn seine Schüler und Freunde Anton von Webern, Alban Berg, Erwin Stein, sein späterer Schwager Alexamder von Zemlinsky und viele mehr. 1921 besuchten ihn Darius Milhaud sowie Francis Poulenc. Ab 1923 entstanden hier die ersten Zwölftonwerke Schönbergs (u. a. Klavierstücke op. 23, Serenade op. 24, Klaviersuite op. 25, Bläserquintett op. 26).

In den frühen siebziger Jahren sollte das Haus abgebrochen werden, was die Internationale Schönberg-Gesellschaft durch einen Ankauf 1972 verhindern konnte.

In der Folge wurde eine Gedenk-, Dokumentations- und Forschungsstätte eingerichtet und am 6. Juni 1974 ihrer Bestimmung übergeben.

Seit 2004 steht es unter der Verwaltung des Wiener Arnold Schönberg Centers.

Eine Dauerausstellung mit Bildern, Schautafeln, Video- und Hörstationen sowie Originalmobiliar und -instrumenten gibt Einblick in Schönbergs Leben und Werk, in seine Mödlinger Zeit und in die Geschichte des Schönberg-Hauses.

www.schoenberg.at

Arnold Schönberg (1874–1951)

1896 gab Arnold Schönberg die Anstellung als Bankangestellter, um die Leitung des Mödlinger Arbeitergesangsvereines „Freisinn" zu übernehmen. Sein Sohn Georg berichtete, dass er einen Teil der Strecke Wien–Mödling zu Fuß zurücklegte, da sein Honorar für die zweite Fahrt nicht reichte. Aufführungsorte der gut besuchten Liedertafel-Abende waren das Hotel Eisenbahn sowie das Hotel Bieglerhütte. Egon Wellesz, Schönbergs erster Biograf, berichtete:
Mit dem Mödlinger Gesangsvereine hatte er nach einer durchzechten Frühlingsnacht einen Ausflug auf den nahe dieses Ortes gelegenen Berg, den Anninger gemacht. Die Wanderung durch den im Frühnebel liegenden Wald und der Sonnenaufgang gaben ihm die Inspiration zum Melodram „Des Sommerwindes wilde Jagd" im dritten Teil und zum Schlusschor „Seht die Sonne!"
Im Sommer 1904 zog Schönberg zu den Eltern seines Freundes David Josef Bach in der Brühlerstraße 104. Dort arbeitete er gemeinsam mit seinem Schwager Alexander Zemlinsky an Instrumentierung und Klavierauszug der Oper „Bergkönig" von Robert Fischhof, die 1905 als „Ingeborg" erschien.
Auf Vermittlung von Baronin Pascotini konnte Schönberg mit seiner Familie zu Kriegsende 1918 eine Wohnung in der Bernhardgasse 6 zum monatlichen Mietzins von 200 Kronen beziehen.
Neben seiner Tätigkeit an den Schwarzwald'schen Schulanstalten gab er auch Privatstunden. Über 100 Schüler nahmen in jener Zeit Kompositionsunterricht: *Mit Webern, der ja ebenfalls 1918 nach Mödling gezogen war, unternahm er an Sonntagen oft ausgedehnte Spaziergänge auf den Anninger. Auch Berg und seine Frau kamen öfters zu Besuch, ebenso viele andere Freunde und Schüler …* (Georg Schönberg). Max Deutsch berichtete: *Wir marschierten dann die 15 Kilometer zu Fuß, an einem Tag hin und zurück, um bei Schönberg Unterricht zu nehmen. Der Unterricht war kollektiv, er fand mindestens zweimal in der Woche statt.*
1924 dirigierte Schönberg auf Bitten der Mödlinger Stadtverwaltung eine Benefizveranstaltung zugunsten notleidender Deutscher. Im August 1924 heiratete Schönberg Gertrud Kolisch, die Schwester seines Schülers Rudolf Kolisch, in der Evangelischen Pfarrkirche zu Mödling. Als 1925 wird Schönberg als Leiter der Meisterklasse für Komposition an die Preußische Akademie der Künste in Berlin wird, gibt er seine Wohnung in der Bernhardgasse 6 auf

Evangelische Kirche, Scheffergasse 8

Um 1580 waren mehr als achtzig Prozent der niederösterreichischen Bevölkerung evangelisch, in Mödling sogar mehr als neunzig Prozent. An diese Zeit erinnert der sogenannte „Protestantenstein" aus dem Jahre 1581, der sich heute rechts neben dem Stiegenaufgang zur Evangelischen Kirche befindet. Diese erste Blütezeit des Protestantismus endete unter den Maßnahmen der Gegenreformation. Gottesdienste und Gebetsrunden der Reformierten fanden in der Folge an geheim gehaltenen Plätzen statt, bis Kaiser Joseph II. (1741–1790) im Jahr 1781 das berühmte Toleranzpatent erließ, das unter anderem auch den evangelischen Christen Religionsfreiheit zusagte. Mit dem 1861 von Kaiser Franz Joseph (1830–1916) erlassenem Protestantenpatent wurde auch die Gründung evangelischer Vereine ermöglicht, und so entstand in der zweiten Hälfte des 19. Jahrhunderts in Mödling wieder eine evangelische Gemeinde. Der erste evangelische Gottesdienst wurde im Sommer 1870 gefeiert, bereits im April 1871 wurde ein Verein evangelischer Glaubensgenossen behördlich genehmigt. 1874 begann man unter der Leitung des jungen Wiener Architekten Eugen Sehnal und des Mödlinger Baumeisters Gerard Hendrik Duursma mit der Errichtung einer eigenen

Kirche. Der einschiffige klassizistische Bau im Stil der italienischen Frührenaissance, der durch seitliche Anbauten in die Breite gegliedert ist, mindert die Steilheit des Geländes durch den Steinbau des Aufgangs zum Kirchenportal. Am 28. November 1875 fand die Weihe der Evangelischen Kirche in Mödling statt. In den letzten Kriegstagen des Zweiten Weltkriegs entstanden erhebliche Schäden an Kirche und Pfarrhaus, vier wertvolle Glasfenster gingen damals zu Bruch.

Nach mehreren Renovierungen erfolgten 1995 bis 1998 eine dem ursprünglichen Zustand entsprechende Außenrestaurierung und eine den heutigen Erfordernissen entsprechende Innenrenovierung. Dabei wurden neue Glasfenster des burgenländischen Künstlers Georg Reszner eingesetzt, welche die vier Evangelien und das Osterereignis zum Thema haben. Vom selben Künstler ist auch das bewegliche Glasbild, das vor dem Kreuzigungsbild in der hölzernen Altarwand angebracht wurde. Dieses Altarbild ist die Kopie eines Gemäldes von van Dyck im Kunsthistorischen Museum in Wien. Das Altarbild wurde im Zuge der Renovierung ebenfalls restauriert und wird nun so beleuchtet, dass es durch das Glasbild wie in österlicher Verklärung hindurch scheint.

Freizeitzentrum Stadtbad Mödling, Badstraße 25

Das kombinierte Sommer- und Winterbad mit Kunsteisbahn und Eisfabrik wurde vom Mödlinger Architekten Hermann Tamussino (1898–1969) im Stil der Neuen Sachlichkeit entworfen und in den Jahren 1927–1928 von der Stadt errichtet. Damals gab es eine kombinierte Eisenbahn- und Badekarte, und man rechnete dadurch auch mit vielen Besuchern aus Wien. Das Herz des maschinellen Betriebes war eine Kristalleisfabrik mit einer Tagesproduktion von 1500 Blöcken Eis zu je fünfundzwanzig Kilogramm, die Abwärme der Anlage wurde für die Beheizung des Badewassers verwendet. Die Liegeplätze waren im Winter in eine Kunsteisbahn. In den Jahren nach der Eröffnung liefen hier prominente Eiskunstläufer wie die Norwegerin Sonja Henie und der Österreicher Karl Schäfer.

Die Außenfront der Eingangshalle zeigt Reliefs von Badenden, und der Seiteneingang bietet eine Brunnenszene des Brunner Künstlers Heinrich Revy (1883–1949). Im Inneren sind auf zwei Großgemälden des Maria Enzersdorfer Malers Carl Johann Peyfuß (1845–1932) bekannte Mödlinger Frauen und Männer abgebildet. Der Stiegenaufgang wird von zwei Landschaftsbildern des Mödlinger Malers Anton Reckziegel (1865–1936) geprägt.

Nach mehreren Modernisierungen und Umbauten zwischen 1969 und 1999 entstand ein beliebtes Freizeitzentrum mit Fitness- und Wellness-Angeboten. Im Freibad gibt es mittlerweile mehrere solarbeheizte Schwimmbecken, Sportschwimmbecken, Erlebnisbecken mit Wasserrutschen, einen Strömungskanal und einen Kleinkinder-Erlebnis-Bereich. Die Liegeflächen bieten mit einem Altbaumbestand erholsame Liegeplätze. Ferner gibt es einen Tennis- und Beach-Volleyball-Platz, Trampolin und Sauna. Im Hallenbad befinden sich eine 45 Meter lange Rutsche, ein großzügiger Whirlpool, ein Eltern-Kind-Bereich und Kneippbecken, Saunen und Dampfbäder. Im Winter gibt es ein vielfältiges Eislaufangebot. www.stadtbad-moedling.at/

Einkaufen in Mödling

Wenn wir in Mödling einkaufen wollen, bekommen wir hier alles, was das Herz begehrt. Allerdings bietet diese Broschüre keinen Einkaufsführer, es werden keine Adressen von Supermärkten etc. angeführt. Dafür stelle ich alteingesessene Betriebe vor, die in Mödling schon lange Bestand haben. Es ist eine sehr persönliche Auswahl, darum haben auch nur wenige alte Betriebe Aufnahme gefunden. Sollte ein wesentliches Geschäft vergessen worden sein, bitte ich um Vergebung. Er wird nach entsprechender Bekanntgabe sicher in einer nächsten Auflage angeführt.

Auf jeden Fall muss ich aber auch einen nicht so alten Betrieb vorstellen, den Kral Verlag mit seiner Buchhandlung in der Kaiserin-Elisabeth-Straße. Ohne ihn gäbe es dieses Buch nicht.

Bäckerei Kolm, Hauptstraße 62

Die Backstube der Bäckerei Kolm, die in diesem alten Bürgerhaus aus der Mitte des 15. Jahrhunderts untergebracht ist, hat eine über hundertjährige Geschichte. Am 22. September 1902 wurde im Gewölbe des Bäckereibetriebes zum ersten Mal Brot gebacken. Seit September 1960 ist die Bäckerei in Familienbesitz. Im Jahr 1988 haben Gerhard und Helga Kolm die alteingesessene Traditionsbäckerei übernommen. Statt Massenproduktion wurden Traditionen und Rezepturen der Eltern übernommen. Das erwies sich als goldrichtiges Erfolgsrezept und machte den Betrieb über Mödling hinaus bekannt. Wenn „vom Kolm“ die Rede ist, wissen heute schon die Kleinsten, dass der Bäcker auf der Hauptstraße gemeint ist. 2007 kam die dritte Generation. Sie verfolgt die Strategie und Philosophie des Familienbetriebes konsequent weiter

und bekam die Auszeichnung beliebtester Nahversorger der Region. Täglich wird frisch gebacken. Die Teigverarbeitung wird nach alter Backtradition noch größtenteils von Hand durchgeführt, und die Teiglinge werden bei ruhiger Hitze auf Steinplatten gebacken. Ein ganz besonderer Erfolg gelang 2011, als die Handsemmel der Bäckerei Kolm gegen härteste Konkurrenz zur besten Handsemmel Wiens gekürt wurde. Von wahrem Traditionsbewusstsein zeigt auch eine andere Spezialität der Bäckerei Kolm: Das berühmte Mödlinger Kipferl erfreute sich nachweislich bereits im Jahr 1699 größter Beliebtheit. Kaiserin Eleonore, die Gattin von Kaiser Leopold I., dem Regenten zur Zeit der 2. Türkenbelagerung, wollte auf ihre frischen Kipferln aus Mödling nicht verzichten und sandte deshalb täglich Reiter zu den Mödlinger Bäckern. Noch heute werden die Kipferl der Bäckerei Kolm nach diesem historischen Originalrezept gebacken.
Die Kipferlgasse neben der Bäckerei Kolm verdankt ihren Namen übrigens dieser Tradition. www.kolm-diebaeckerei.at

Krawany, Freiheitsplatz 4, 8, 9

Die Geschichte der Firma Krawany begann vor 350 Jahren auf dem damaligen Kornmarkt, dem heutigen Freiheitsplatz Nummer 4. Mit einem kaiserlichen Dekret wurde dem Bürger Georgen Khornreuter 1663 die Genehmigung zum Betrieb eines kleinen Eisenhandels erteilt.

Mit der zweiten Türkenbelagerung 1683 und der sich bereits ab 1679 rasant ausbreitenden Pestepidemie folgten schwere Zeiten. Die zum Dank für das Ende der Pest 1715 am Kornmarkt errichtete Pestsäule prägt seither das Bild des Platzes im Herzen von Mödling, genau wie die Geschäftslokale des Unternehmens Krawany, die diese „Dreifaltigkeitssäule" bis heute umringen. Die Biedermeierzeit läutete eine neue Ära des Aufschwungs ein.

Ein Jahr nach der Eröffnung der Südbahnstrecke im Jahr 1841, die für eine weitere Belebung des Mödlinger Stadtlebens und der Wirtschaft sorgte, übernahm Franz Krawany das Geschäft von seinen Verwandten und übergab es 1875, kurz nach der Stadterhebung Mödlings, seinem Sohn Johann Krawany. Das Geschäft wuchs stetig und war vorerst aber auf den Handel mit Eisen und Eisenwaren sowie Brennmaterialien beschränkt. Nach dem Ersten Weltkrieg bereicherten neue Abteilungen und zusätzliche Sortiments für Haus-, Küchen- und Gasthofeinrichtungen sowie ein Spezialgeschäft für Öfen, Herde und Möbel den Geschäftsstandort.
Nach den schwierigen dreißiger Jahren und dem Zweiten Weltkrieg brachte 1946 wieder einen großen Aufschwung. Die Familie baute den Betrieb weiter aus, setzte die Krawany-Tradition erfolgreich fort. Heute, mehr als 350 Jahre nach der Unternehmensgründung, ist Krawany als gelbgrüner Fixpunkt in der Mödlinger Stadtlandschaft nicht mehr wegzudenken.
www.krawany.com

Lebzelterei Rachenzentner, Herzoggasse 4

Die Lebzelterei blickt auf eine fast 400 Jahre alte Handwerksgeschichte zurück. Adam Rachenzentner, geboren um 1630, legte den Grundstein für den Familienbetrieb als Lebzelter in Mistelbach. Im Jahre 1807 übersiedelten dann die Nachfahren Vinzenz und Anna Rachenzentner nach Mödling, wo sie den Herzoghof „samt darin befindlichem Lebzeltergewerb“ erwarben. In diesem Haus hat sich die Tradition des Lebkuchenbackens über weitere sechs Generationen bis heute erhalten. Helene Rachenzentner (1915–2007), war eine Mödlinger Institution. Sie führte das Geschäft über 54

Jahre und ging erst im Jahre 1988 im Alter von 73 Jahren in Pension.
Im Jahre 2011 übergab Herbert Rachenzentner, der letzte Meister der Rachenzentnerdynastie, den Betrieb an seinen Großcousin Philipp Waldhans. Dieser führt die Tradition der Lebzelterei nach den überlieferten Familienrezepten fort. www.lebzelterei-rachenzentner.at

Buchhandlung Kral, Kaiserin-Elisabeth-Straße 7

Im Zentrum von Mödling wurde in der heutigen Kaiserin-Elisabeth-Straße 1863 die Buchhandlung Thomas gegründet.
So wie einst ist es ein Anliegen der neuen Buch- und Papierhandlung Kral, dem steigenden Bedürfnis nach Information und Literatur gerecht zu werden. In modernem Ambiente finden wir ein weitreichendes Sortiment. Von den Klassikern der Literatur und traditionellen Schreibgeräten bis hin zu Neuerscheinungen und trendigen Geschenkartikeln reicht der Bogen. Kompetente Beratung ist gewährleistet. Das Hauptaugenmerk der Buchhandlung liegt auf der Belletristik, der Reiseliteratur, dem Kinderbuch sowie den saisonalen Highlights. www.kral-buch.at

Theater in Mödling

Mödling ist eine kleine Stadt, sie hat dem entsprechend auch nur einige wenige Bühnen aufzuweisen. Vier Bühnen werden vorgestellt. Das Stadttheater mit seiner Geschichte findet beim zweiten Kulturspaziergang auf Seite 82 eine genauere Beschreibung, ebenso die Bühne Mayer. Es gibt noch kleine Schauspielgruppen. Diese sind im Internet zu recherchieren.
Freiluft-Sommertheater wird zwischen St. Othmar Kirche und Karner angeboten.

Stadttheater Mödling, Babenbergergasse 5

Das Stadttheater Mödling ist das einzige Jugendstiltheater Niederösterreichs.
1995 und 1996 erfolgte ein Umbau des Bühnen- und Theaterbereiches. 1998 übernahmen der Intendant Bruno Max und seine Compagnie „Theater zum Fürchten" das Haus im Repertoirebetrieb. Seit 2005 findet hier auch jährlich der „Stadttheaterball" statt, der das Haus in einen der stimmungsvollsten Ballsäle Niederösterreichs verwandelt.
www.theaterzumfuerchten.at/StadttheaterMoedling

Bühne Mayer, Kaiserin Elisabethstraße 22

Die Bühne Mayer entstand 1986 aus einem echten Pawlatschen-Theater im Extrazimmer des gemütlichen „Mautwirtshaus" im Herzen von Mödling. Initiator und Namensgeber der Bühne war Franz Josef Mayer, der rührige Gastwirt aus der Mayer-Dynastie, die das Haus seit Generationen führt. Das Mautwirtshaus Mödling ist das älteste Gasthaus in Mödling in Familienbesitz. Zusätzlich gehört das Gasthaus mit seiner Kleinkunstbühne zu den Bühnenwirtshäusern Niederösterreichs und ist damit auch Mitglied der Kulturvernetzung Niederösterreich. Geführt wird das Gasthaus in siebenter Generation von Edda Mayer-Welley, sie ist auch Obfrau des Vereines Bühnenwirtshäuser Niederösterreich. Das gutbürgerliche Gasthaus mit altösterreichischer und internationaler Küche erfuhr durch F. J. Mayers Bühne eine überraschende Aufwertung. Der große Erfolg erforderte bald räumliche Veränderungen: Nur wenige Jahre nach Eröffnung des Kulturbetriebs wurden ein Bühnenkeller mit 120 Sitzplätzen sowie ein Bar-Bereich eingerichtet und die technischen Möglichkeiten der Bühne auf den Stand der Zeit gebracht. In der Bühne Mayer treten seither bekannte KünstlerInnen und (noch) unbekannte Nachwuchstalente auf.

Heute stehen über das ganze Jahr verteilt 100 Veranstaltungen auf dem Programm – von Musik, Kabarett, Theater, Lesungen über Dia-Shows bis hin zu Improvisations- und Kindertheater. Mautwirtshaus und Bühne Mayer sind kultureller und lukullischer Fixpunkt Mödlings, und als Würdigung für Franz Josef Mayer vergibt die Stadt seit 2004 in zweijährigem Rhythmus einen nach ihm benannten Preis für Kunst und Kultur. Ausgewählt werden die Preisträger durch den jeweiligen Kulturstadtrat, die drei Töchtern Mayers und den Leiter des Kulturreferates der Stadtgemeinde Mödling. www.buehnemayer.at

Ein Kuriosum am Rande:
Veränderte Kulturdenkmaltafel am Mautwirtshaus: Als an einem Großteil der Häuser der Altstadt Tafeln für den Kulturgüterschutz angebracht wurden, montierte Franz Josef Mayer selbst eine etwas veränderte Tafel auf seinem Haus, dass sein Haus nicht schutzwürdig sei. Das Verfahren wurde eingestellt. Nach 35 Jahren, im Jahr 2014, erhielt seine Tochter eine Strafanzeige von privater Seite, dass sie die Tafel zur Kennzeichnung eines geschützten Denkmals missbräuchlich verwendete.

Das MÖP Figurentheater, Pfarrgasse 2

Das MÖP Figurentheater wurde 2003 von Katharina Mayer in Mödling gegründet. Der vielfältige Tätigkeitsbereich umfasst moderne Handfigurenstücke, Kasperltheater, Figurentheater mit offener Bühne, Märchenstücke und Lesungen sowie Papiertheater. Geboten werden zudem Weiterbildungskurse für Kinder und Erwachsene und Workshops für Figurenbau. Aktuelle und moderne Stücke mit originellen Ideen stehen im Vordergrund, was Aufführungen im In- und Ausland nach sich zieht. Das Theaterteam möchte einem jungen Theaterpublikum durch Live-Inszenierungen Kunst und Kultur näherbringen, das Figurentheater

bringt Kreativität und Fantasie in unsere Gesellschaft und stellt eine wertvolle Bereicherung dar. www.puppentheater.co.at

Theater im Bunker, Brühlerstraße (Luftschutzstollen)

Seit 1999 betreiben das Theater zum Fürchten und Bruno Max in dem kilometerlangen Stollensystem des ehemaligen Mödlinger Luftschutzbunkers ein einmaliges und extravagantes Stationentheater.

Was stellt man sich unter so einem Theater vor? Es ähnelt einer theatralisch-literarischen Geisterbahn, die Besucher sind die Wagen der Geisterbahn, die Künstler die Geister. Alle zehn bis fünfzehn Minuten startet eine Gruppe Zuschauer und begegnet auf der Wanderung durch die Stollen Schauspielern, Bildern, Installationen und Szenen, aus denen sich im Kopf des Betrachters ein Stück zusammensetzt.

Der Luftschutzstollen Mödling wurde in den Jahren 1941/43 von italienischen Zwangsarbeitern errichtet und diente der Mödlinger, der Wiener Neudorfer und der Südwiener Bevölkerung während des Bombenkriegs als Zufluchtsort. Bis zu 9000 Menschen suchten bei Luftangriffen in den Stollen Schutz. Bis 1999 führte das aus zwei Hauptröhren und Nebenstollen bestehende Bunkersystem einen Dornröschenschlaf, bis die völlig devastierte und während der Besatzungszeit ausgeplünderte Anlage unter Bruno Max als Theater entdeckt wurde. Im Bunker, einem kilometerlangen, verzweigten ehemaligen Luftschutzstollen entwirft Bruno Max eine einzigartige, skurrile Bilderwelt.

Nur wer es wagt, durch das Reich der Träume zu schreiten, gelangt zur Wahrheit, das ist nicht nur ein Zitat von E. T. A. Hoffmann, sondern auch das Motto eines Theaterabends. www.theaterzumfuerchten.at/TheaterImBunker

Gastronomie in Mödling

Bei den Spaziergängen in Mödling kann man nicht ununterbrochen die kulturellen Eindrücke konsumieren. Man muss auch hin und wieder eine Pause einlegen. Nur auf einer Bank zu sitzen und zu ruhen, ist aber auch oft zu wenig. Eine kleine Jause, ein kleiner Imbiss zwischendurch oder am Ende des Besichtigungstages ein gutes Essen ist notwendig. Ich erinnere an den Dreiklang des Buches: Natur, Kultur Genuss. Der Genuss kann und sollte immer auch ein leiblicher Genuss sein. Und da bietet Mödling sehr viel. Ich werde entsprechend meiner Vorliebe einige Lokale anführen, aber keine Wertung, keine Hauben, keine Punkte abgeben. Jeder Gast soll sich seine eigene Meinung über den gastronomischen Betrieb machen. Telefonnummern, Internetadressen sind dem Prospekt der Stadt Mödling oder dem Internet zu entnehmen

Der Autor ist ein Genießer. Er liebt die heimische Küche, er liebt auch die Küchen der weiten Welt. Ein einfaches Ambiente bei einem Heurigen mit einem guten Viertel Wein oder ein Lokal, das gestylt eine exquisite Küche anbietet, beides sind ein Erlebnis. Darum suchen Sie Ihr Lokal, und genießen Sie die Gastronomie.

Übrigens: Bei dem vielfältigen Angebot bin ich selbst auch noch auf der Suche nach dem ultimativen Lieblingslokal.

www.moedling.at/Tourismus_Wirtschaft_Gastronomie/Gastronomie

Einheimische Schmankerl

Blaue Blunzn
Die Küche bietet eine Verbindung von traditioneller Küche mit dem modern Kreativen. → *Wiener Straße 40, ww.blaueblunzn.at*

Bockerl
Der Waldgasthof Bockerl ist ein uriges Gasthaus an der Goldenen Stiege am Rand von Mödling. Das Bockerl am Fuße des Anninger liegt an einem idyllischen Platz am Rand eines Waldes. Das Angebot reicht von saisonalen Speisen bis zur Hausmannskost. → *An der goldenen Stiege 22, www.bockerl.at*

Gio's
Gluten und laktosefreies Restaurant, Bar → *Babenbergergasse 4/8 www.gios-moedling.at/*

Konditorei und Bäckerei Richard Gössl
Eine nette, klassische kleine Konditorei samt Café. Vielzahl an Mehlspeisen, stets frisch und von herausragender Qualität. Sehr guter Kaffee und sehr freundliches und schnelles Service. → *Schrannenplatz 5, www.cafe-konditorei-baeckerei.stadtausstellung.at*

Haus der Biere
Cafe, Pub und Restaurant im Ratzhaus. Reichhaltige Speisekarte. Angebote vom Schwein, vom Rind, Fisch etc. 8 Sorten Fassbier und 6 Sorten Flaschenbier aus Österreich und 7 Sorten aus aller Welt. → *Babenbergergasse 2, www.hausderbiere.com*

Mautwirtshaus
Angebot von altösterreichischer, internationaler Küche und saisonalen Spezialitäten sowie 4 Biersorten vom Fass. Große Gasträume und Extrazimmer und für die warmen Tage ein Schanigarten im Herzen Mödlings. → *Kaiserin-Elisabeth-Straße 22, www.mauts.at*

Mödlinger Kobenzl
Köstlichkeiten der typisch österreichischen Küche. Fleisch, Fleischloses, süße Schmankerl. Es gibt auch eine Fischgreisslerei am Kobenzl. → *Jubiläumspark 2, www.moedlingerkobenzl.at*

Posthof Cafe
Große Auswahl an Frühstücks-Angeboten und Kaffee-Spezialitäten. Zahlreiche kleine Snacks. → *Schrannenplatz 3, www.posthof-cafe.at*

Schnabulerie
Seit März 2016 gibt es die Schnabulerie im historischen Zentrum. Man findet ein großes Sortiment von „Schmankerln“ wie z. B.: Mousse au Chocolat Törtchen, die Tartelettes au Citron oder Apfel-Streuselkuchen und auch die traditionellen Wiener Mehlspeisklassiker wie zum Beispiel Schaumrollen, Kardinal- und Cremeschnitten. Besonders beliebt sind Macarons und Pralinen. Zahlreiche Angebote für Back- und Dekorationskurse. → *Herzoggasse 6, www.schnabulerie.com*

Schrannenbeisl
Das Beisl ist Treffpunkt für Promis, Bewohner von Mödling und Stadtbesucher. → *Kaiserin-Elisabeth-Straße 1*

Eissalon Zanoni – Lucia Vidali
26 Sorten Eis, italienische Eisspezialitäten, italienische Kaffeespezialitäten → *Kaiserin-Elisabeth-Straße 6*

Ausländische Küche

Akropolis – Restaurant
Lamm, Gyros, eine große Auswahl an Fischen und Meeresfrüchten und natürlich alle beliebten griechischen Schmankerl → *Wiener Straße 63, www.akropolismoedling.com/*

Bodega Lopez
Ein spanisches Lokal mit einer großen Auswahl an sehr guten Weinen, Tapas und lateinamerikanischen Empanadas (gefüllte Teigtaschen). Zahlreiche kleine kalte und warme Gerichten nach spanischer und lateinamerikanischer Art. → *Brühlerstraße 1, www.bodega-lopez.com*

Ton Katsu Restaurant
Eine riesige Auswahl an asiatischen Speisen. Von Maki über Sushi, Rindfleisch, gebratene Ente mit Gemüse bis zu den süßen Verlockungen, alles in bester Qualität. → *Kaiserin-Elisabeth-Straße 1, www. tonkatsu.at/*

Pino
Es gibt Pastagerichte ebenso wie Fleisch und Fischspezialitäten und verführerische Süßigkeiten im mediterranen Stil. Neben einer traditionellen Speisekarte viele kreative Gerichte. → *Brühlerstraße 6, ww.pino-ristorante.at*

Mödlinger Weinbaugeschichte

Das Weinbaugebiet an der Ostseite der Alpen reichte einst vom Kahlenberg bis in den Raum von Gloggnitz. Die Römer kultivierten die Reben, im Zuge der Völkerwanderung, während der die reichen römischen Provinzen zerfielen, wurden auch die Weingärten verwüstet, sie verödeten. Erst durch die Kolonisierung der Baiern kam der Weinbau wieder in unsere Gegend zurück. Durch die intensive klösterliche Kultivierung dominierte der Weinbau lange Zeit die regionale Landwirtschaft, rangierte die Weinherstellung sogar noch vor dem Ackerbau. Wein belebte den Handel, er war das flüssige Gold des Mittelalters. Der Weinstock bestimmte den Ablauf des Lebens derer, die ihn hegten.

Eigentümer der Weingärten waren zumeist Klöster, aber auch Adel und reiche Grundherren hatten zahlreiche Weinberge in ihrem Eigentum. Wurde ein Weinberg verkauft, dann wurden auch die Hörigen, die Arbeiter, die so genannten Grundholde, mit veräußert.

Im 14. Jahrhundert erreichte der Weinbau seine größte Blüte. Unzählige überlieferte Rechtsnormen regelten sowohl den Anbau als auch die Lese.

In „Medling am gepürg“ waren seinerzeit zahlreiche Weinberge zu finden. Der Anbau reichte weit in die Ebene gegen Osten hinaus, aber auch gegen Westen, bis weit in die Hinterbrühl erstreckten sich die Weinanbauflächen.

Durch die gesetzlichen Regelungen bekamen die Grundherren Arbeiter für den Weinberg zugesichert. Der Tagelohn betrug im Jahre 1500 14 Pfennige. Die Verpflegung wurde beigestellt. Frauen erhielten weniger Lohn als Männer.

Damit man sich vorstellen kann, was 14 Pfennige wert waren, lege ich eine Preisliste von anno dazumal vor:

1 Pfund Ochsenfleisch 2 Pfennig, eine Gans 5 Pfennig, ein Eimer Bier 12 Pfennig und eine Hose 10 Pfennige.

Die Arbeitszeit betrug 12 Stunden täglich, die Mittagspause dauerte zwischen 1 und 2 Stunden.

Die Dorfgenossen bildeten eine feste Gemeinschaft, das Gemeinwohl ging vor dem Einzelwohl. Im Angesicht von Gefahr – vor allem in den Zeiten der Türkenkriege – war dieser Zusammenhalt notwendig. Aber auch bei Wassernot, bei Feuersbrünsten musste sich jeder Bewohner auf seinen Nachbarn verlassen können. Eine Nichtbeachtung dieser Nachbarschaftshilfe brachte strenge Strafen mit sich.

Am stärksten war diese Einigkeit, dieses Zusammenhalten, bei den Weinbauern zu finden. Sie hatten eine lange und schwierige Arbeit, ihre Arbeitszeit währte von Sonnenaufgang bis Sonnenuntergang.

Kaum kraht der Hahn die Morgenstund, so steht der Hauer auf heißt es in einem alten Hauerlied. Zäune schützten die Weingärten, und über so genannte Stiegel (Eingangstüren oder Überstiege) gelangte man hinein. Die „Goldene Stiege" in Mödling hat ihren Namen auf Grund eines solchen Zuganges zu den sehr guten Weingärten. Waffen waren im Weingarten verboten,

Frauen wurden aufgefordert, nicht zänkisch zu sein. Diebstähle wurden schwer bestraft: Wer eine Traube stahl, dem wurde ein Ohr abgeschnitten, bei zwei Trauben waren es schon beide Ohren, und wer gar drei stahl, dem wurde die Hand abgehackt. Das passierte auch beim Diebstahl von Weingartenstecken.

Die Oberaufsicht über die Weingärten übte der sogenannte Bergmeister aus. Er musste Zäune überprüfen, hatte darauf zu schauen, dass die Abzuggräben für das Wasser gezogen und die Stiegel in Ordnung waren. Ferner musste er dafür sorgen, dass aus dem Dorfe kein Mist, den man als Dünger für die Weingärten benötigte, nach auswärts verkauft wurde.
Ein besonderes Ehrenamt war das des Weinhüters. Dieser wurde vom Marktrichter bestellt und einer strengen Tauglichkeitsprüfung unterzogen. Zu Beginn seiner Tätigkeit hatte er die Hutsäule aufzustellen. Auf dieser Säule befand sich ein Wagenrad, und von dort aus hielt der Hüter Ausschau nach Weintraubendieben. Wie streng die Richtlinien für die Auswahl des Hüters waren, zeigen die Vorschriften. Der Hüter durfte z. B. keinen Weingarten besitzen, stahl er selbst Trauben, wurde er auf der Hutsäule gehenkt. Er durfte keine Trauben verkaufen, nur verschenken, und zwar nur an Schwangere, wenn sie ihn darum baten. Er durfte auch im Weingarten „kein Weib und Dirn haben". War der Hüter nicht in der Hütte anzutreffen, bekam er eine Strafe von 12 Pfennig.
Den Zeitpunkt der Lese setzte der Lesemeister fest. Streng wurde darauf geachtet, dass keiner, der bei der Lese mitarbeitete, Trauben stahl. Kam ein Dieb in die Weinberge, so musste dieser verfolgt werden. Wurde er dabei getötet, geschah es im guten Recht. Man hatte ferner darauf zu achten, dass keine Tiere in die Gärten einbrachen. Wildschweine waren die besonderen Feinde der Weinbauern, waren die Schweine doch recht wild auf die süßen Trauben. Die Bauern arbeiteten nur für eine Herrschaft, die Last des Robots und die Abgabe des Zehents wurden genau geprüft und eingehalten. Waren die Trauben gelesen, wurden sie gepresst. Der Most wurde dann in den Lesehof gebracht. Der Lesemeister hatte zu achten, dass der Most nicht „gewassert", sondern „wie ihm Gott hat wachsen lassen" abgeliefert wurde.

Außer einem Zehentwein musste auch alle drei Jahre ein Steuerwein abgeliefert werden.
Rechte und Pflichten der Herrschaft und ihrer Untertanen wurde in den Banntaidingen – das sind regelmäßige Zusammenkünfte der Dorfbevölkerung mit den Herrschenden – verlautbart. Die Teilnahme an einem Banntaiding war Pflicht, und neben der Regelung von Streitfällen ging es auch um Fragen, die Weinbau betrafen.
Die Ernten in den Jahren nach der ersten Türkenbelagerung waren besonders gut. Hatte man im Jahr 1565 1023 Eimer Lesegut vom Lesehof Mödling nach Melk geliefert, waren es im Jahre 1584 bereits 2780 Eimer, beinahe schon eine Überproduktion. Der Weinbau im Bereich der Stadt Mödling ging im Laufe der Jahrhunderte zurück und verlagerte sich auf die Orte der Umgebung, schuld daran war nicht allein die Reblaus, sondern vor allem die Ausweitung des Stadtgebiets und die Forcierung des Bahnbaus.
Die Stadt Mödling weist heute fast keine Weinanbauflächen mehr auf. Lediglich am Fuße des Jennyberges finden wir ein Weinbauschutzgebiet mit den letzten Weingärten im Mödlinger Stadtgebiet. Zahlreiche Heurige schenken im Stadtgebiet ihren Wein aus, und Ende Juli, Anfang August findet alljährlich ein Weinfest statt. Im Bezirk Mödling befinden sich heute Topweingegenden von Österreich.

Weinbaubetriebe

Welcher Heurigen gerade ausgesteckt hat, erfahren Sie unter:
www.moedling.at → Tourismus & Wirtschaft Gastronomie → Heurigenkalender

Weinbau Enigl
Weinangebot: Weißweine: Grüner Veltliner Neuburger, Rotgipfler Weißburgunder, Chardonnay, Welschriesling, Zierfandler, Sauvignon blanc. Rotweine: Blauer Portugieser, Zweigelt, Pinot Noir, Merlot. → *Dr. Hanns-Schürffgasse 4, www.enigl.at*

Körber's Heuriger
Seit 1647 im Familienbesitz. Weinangebot: Weißweine: Welschriesling, Grüner Veltliner, Sauvignon blanc, Zierfandler, Chardonnay. Rotweine: Merlot, Cabernet Sauvignon, Zweigelt, Pinot Noir. → *Badstraße 10, www.koerber.at*

Langecker's Heurigen „Zur Reblaus"
Weinangebot: Weißweine: Welschriesling, Chardonnay, Grüner Veltliner, Neuburger, Malvasier.Rose. Rotweine: Blauer Portugieser, Blauburger, Zweigelt → *Spechtgasse 45, www.reblaus.com*

Heuriger Weinbau Peter & Elisabeth Neuberger → *Prießnitzgasse 11*

Weinbau Pferschy-Seper
Der Weinbaubetrieb gehört zu den ältesten in Mödling und besteht seit dem Jahre 1718. Ein häufiger Gast des Betriebes war Kronprinz Rudolf. Dies ist durch die Tagebücher seines Kutschers Bratfisch belegt. Weinangebot: Weißweine: Gemischter Satz, Grüner Veltliner, Rheinriesling, Weißburgunder, Gelber Muskateller, Neuburger, Chardonnay, Rotgipfler, Zierfandler. Rotweine: Zweigelt – Portugieser, Zweigelt, Pinot Noir, St. Laurent, Merlot Barrique. → *Friedrich-Schiller-Straße 6, www.pferschy-seper.at*

Familie Taufratzhofer
Der Betrieb wurde 1790 gegründet und wird bis heute als Familienbetrieb geführt. Weinangebot: Weißweine: Grüner Veltliner, Neuburger, Rheinriesling, Rotgipfler, Traminer, Weißburgunder, Zierfandler. Rotweine: Blauer Portugieser, Cabernet Sauvignon, Zweigelt. → *Quellenstraße 3, www.taufratzhofer.at*

Spazieren, Wandern und Klettern in der Umgebung

Wer so viele kulturelle Höhepunkte in der Stadt erlebt hat, wird sich gern Zeit nehmen, auch ein wenig ins Grüne zu wandern. In diesem Stadtführer, der vor allem zu kulturellen Schönheiten hinleitet, werden keine Gehzeiten wie in einem Wanderführer angeführt. Einzig eine Wanderung, die auf den Anninger, ist etwas ausführlicher beschrieben.
Man kann leicht an Hand des Stadtplanes eigene Wege zusammenstellen und so selbst die Landschaft „erobern", Kurzbeschreibungen sollen nur dabei unterstützen, die Spaziergänge zu den verschiedensten Punkten selbst zu gestalten. Kombinationsmöglichkeiten gibt es mehr als genug, vom einfachen Spaziergang über eine längere Wanderung bis hin zu Klettertouren.

Schwarzer Turm

Erreichbarkeit: Ausgangspunkt ist der Bahnhof, auf der Hauptstraße zum Freiheitsplatz. Durch die Herzoggasse und Pfarrgasse zur St. Othmar Kirche. Weiter zum Jubiläumspark und ein kurzes steiles Stück aufwärts zum Schwarzen Turm.

Unmittelbar beim Zusammentreffen der Gemeindegrenzen von Mödling, Maria Enzersdorf und Hinterbrühl befindet sich der Schwarze Turm als weithin sichtbares und markantes Wahrzeichen.
1596 teilten Rat und Richter von Mödling der niederösterreichischen Kammer mit, von der Gemeinde sei im Hinblick auf die schwaiffetiden Brenner ain gar klaines Wachtheusl nur fürf zwo Persohnen auf dem Felsen des Kirchenberges errichtet worden. Der kaiserliche Kammerdiener Hans Philipp Schnepf v. Schnepfenau, der in Maria Enzersdorf einen Freihof besaß, bereiste 1644 mit Ing. Luchese das Viertel unter dem Wienerwald, um Verschanzungen gegen die Schweden anzulegen. Schnepf soll auch die Mödlinger Klause befestigt haben.
Sein heutiges Aussehen und die neuerliche Entstehung verdankt der Schwarze Turm Fürst Johann I. von Liechtenstein (1760–1836), der 1807 die Herrschaft der Burg Mödling und der Veste Liechtenstein – die Namen gebende Stammburg seiner Familie – erwarb. Er ließ in und um Mödling – ganz im damaligen neoromantischen Zeitgeist – eine ganze Reihe von malerischen Blickpunkten errichten, so auch den Schwarzen Turm, der in den Jahren 1809 und 1810 nach Plänen des Architekten Joseph Hardtmuth erbaut wurde und ursprünglich wahrscheinlich als Aussichtswarte gedacht war, später auch als Försterwohnung genutzt wurde.

Gleich in der Nachbarschaft des Schwarzen Turms befinden sich die sogenannten „Augengläser“, eine ebenfalls auf die Bautätigkeit von Fürst Johann I. von Liechtenstein zurückgehende, um 1807 errichtete künstliche Ruine mit zwei Spitzbögen, durch die man einen traumhaften Ausblick in das Wiener Becken genießt.

Josef Schöffel (1832–1910)

Spricht man vom Wienerwald, taucht unweigerlich der Name seines Retters – Josef Schöffel – auf. Schöffel wurde 1832 in Pribram in Böhmen geboren und ist 1910 in Mödling gestorben. Er war von 1873 bis 1882 Bürgermeister in Mödling. Schöffel modernisierte in seiner Amtszeit die Stadt. So wurde ein Bau- und Erneuerungskonzept für die Stadt erstellt, die eigenständigen Orte Klause und Vorderbrühl eingemeindet und eine 4,5 km lange Bahn in die Vorderbrühl erbaut. Zahlreiche Straßen wurden neu gestaltet und die Versorgung mit Gas- und Wasser sichergestellt. All das waren die herausragenden kommunalen Leistungen Schöffels. Noch viel größer sind seine Verdienste um den Wienerwald. Der Staat hatte – wie so oft – kein Geld, also wurde ein eigenes „Staatsgüter-Verschleißbureau" gegründet, um Geld zu beschaffen. Dieses Büro bzw. seine Beamten sollten deshalb einen großen Teil des Wienerwaldes Gewinn bringend verkaufen, sie sollten vor allem das Holz „verschleißen". Der Holzhändler Moritz Hirschl sollte allein das Holz verkaufen, die staatlichen Forstbeamten waren ihm unterstellt. Und Schöffel trat sowohl gegen diesen Händler als auch gegen die Finanzkammer auf den Plan. Er startete im „Neuen Wiener Tagblatt" einen publizistischen Feldzug gegen Amtsmissbrauch. Niemand seitens der Regierung, der Stadt Wien und oder auch der Presse unterstützte ihn. Schöffel focht Prozesse wegen Ehrenbeleidigung durch, wurde sogar vor das Schwurgericht zitiert. Doch Schöffel stand dies alles durch. Nach einem dreijährigen Ringen siegte er schließlich.
1905 schrieb Schöffel in seinen Erinnerungen:
Ich wünsche nur, wenn der Wienerwald, was nicht unmöglich ist, wieder einmal von einem Spekulationskonsortium bedroht werden sollte, dass sich zur rechten Zeit ein Mann findet, der den Wald mit Erfolg verteidigt.
Glauben Sie nicht, dass so manches heutige Projekt einen Schöffel benötigen würde?

Brühl

Erreichbarkeit: Die Brühl beginnt in der Brühler Straße am Ende der Kaiserin-Elisabeth-Straße.

Der im Thale herfließende Medlingbach wird auf seiner Reise von Mühlern, Fischern und dergleichen nach Kräften benutzet. Er hat ein sehr klares, und wie man versichert, überaus gesundes Wasser. Seine artigen Krümmungen, sein liebliches Rieseln, das Plätschern der Aenten und Gänse, das Herumschiessen der kleinen Fischhorden, die Spiegelglätte an einigen Stellen, in dem sich die Felsen abmahlen, mit dem Ganzen zusammengenommen, bringt in der Seele eines empfindsamen Lustwandlers tausend angenehme Empfindungen hervor, die durch die Gesellschaft, in der er sich befindet, vielfach erhöhet werden können.

So beschrieb 1794 Franz Gaheis die Landschaft um Mödling in seinem Buch: „Spazierfahrten in die Gegenden um Wien".
Schon 1794 war die Brühl – der Begriff kommt aus dem Althochdeutschen und bedeutet Feuchtwiese – ein bekanntes Ausflugsziel. Die Klause, ein kleines Gebirge mit Felsen und einem rauschenden Bach, mit malerischen Ruinen und alten Sagen wurde zur Traumlandschaft unserer romantisch veranlagten Vorfahren, verstärkt wurde der Romantizismus durch viele Theaterstücke mit einer unbändigen Schwärmerei für Ruinen und Geister.
„Der Burggeist von Medling. Eine Geistergeschichte und romantisches Phantasie-Gemählde mit Gesang und Maschinerien" lautete der Titel eines solchen Werks, das 1800 im Theater in der Josefstadt aufgeführt wurde.

Karl Friedrich Hensler (1759–1825, Autor und Theaterdirektor in Wien) schrieb ein Gruselstück „Der Teufelsstein von Mödling“. Hier steht als Bemerkung vor einem Auftritt: *Ruinen von der Burg Teufelsstein im Mödlinger Wald. – Grause, fürchterliche Gegend.*
Damals waren die Höhen oberhalb der Klause noch unbewaldet, eine öde Schafweide. Von seinem kahlen Ende bekam übrigens der schon in prähistorischer Zeit besiedelte Kalenderberg seinen Namen. Johannes Fürst von Liechtenstein (1760–1836) war es, der nach Beendigung seiner militärischen Laufbahn im Jahre 1810 das Bild dieser Landschaft gewaltig veränderte.

Kurpark

Erreichbarkeit: Ausgangspunkt ist der Bahnhof, auf der Hauptstraße zum Freiheitsplatz, links in der Kaiserin Elisabethstraße bis zur Neusiedler Straße. Rechts einbiegen in die Frauensteingasse. Wir queren die Spitalmühlgasse und gehen auf dem Neuweg bis zum Aquädukt. Hier beginnt der Kurpark.

In landschaftlich reizvoller Lage, im Bereich des Durchbruchs des Mödlingbaches durch den Wienerwald, widmete Fürst Johann II. von Liechtenstein 1874 das Gelände am Abhang des Frauensteins zur Errichtung eines Kurparks. Das Konzept zur Anlage des Parks stammt von dem Maler Josef Selleny (1824–1875), der 1862 auch den Entwurf für den von Rudolf Siebeck angelegten Wiener Stadtpark geliefert hat. Als Ergänzung zu dem 1874 errichteten Kursalon erbaute man im Jahr darauf ein Sommertheater als einfachen Holzbau. Damit erhielt die schon seit dem Vormärz in Mödling bestehende Theatertradition wichtige neue Impulse. Hier gelangten hauptsächlich Operetten und Volksstücke zur Aufführung, wobei man bis 1903 eine enge künstlerische Verbindung mit Wien, von 1904 an mit Baden pflegte. Das Theater hatte leider bald mit Auslastungsproblemen zu kämpfen und musste zeitweise geschlossen bleiben. Schließlich wurde es 1911 aus sicherheits- und feuerpolizeilichen Gründen gesperrt. Einen Ersatz schuf man 1913 mit dem Stadttheater (Babenbergergasse 5), 1919 wurde der alte Holzbau abgetragen.

Im Park befinden sich auch die Reste einer gotischen Säule - ähnlich den Spinnerin-am-Kreuz-Säulen von Wien und Wiener Neustadt – aus dem letzten Viertel des 14. Jahrhunderts, die ursprünglich Ecke Demelgasse/Hauptstraße gestanden war. Im Lauf der Zeit ist diese Säule wiederholt zerstört und in der Folge ergänzt worden. Eine Zeichnung von Emil Hütter (1875) zeigt die Säule als Torso mit einer Tafel (*Lob, Preis und Danck dem Friedensgott der uns geführt aus Kriegsnoth. 1650*), die auf eine Restaurierung am Ende des Dreißigjährigen Krieges hinweist. Schließlich wurde die Säule 1876 abgetragen, und auf Anordnung Bürgermeister Schöffels gelangten die Reste des Denkmals in den Kurpark. Der Standort der Säule im Park war für lange Zeit in Vergessenheit geraten, ehe sie im Winter 1981/82 – ganz vom Gebüsch überwuchert – erneut aufgefunden wurde. Im Bereich des Aquädukts der Ersten Wiener Hochquellenwasserleitung steht zudem eine moderne Skulptur „Laßt uns leben" (1980).

Der Mödlinger Kurpark hat über seine allgemeine Bedeutung für die Erholungssuchenden hinaus eine besondere Funktion für die Freunde des alpinistischen Sports: An den Abhängen des Frauensteins befindet sich ein beliebtes Übungsgelände für Kletterer. Siehe Klettern Seite 138

Burg Mödling

Erreichbarkeit: Zu Fuß beginnen wir beim Bahnhof, auf der Hauptstraße zum Freiheitsplatz, links in der Kaiserin Elisabethstraße bis zur Neusiedler Straße. Rechts einbiegen in die Frauensteingasse. Wir queren die Spitalmühlgasse und gehen auf dem Neuweg bis zum Aquädukt. Hier beginnt der Kurpark. Von hier auf gemütlichem Weg unterhalb des Frauensteins bis zur Jägerhausgasse. Oder wir fahren mit dem Bus 364/365 vom Mödlinger Bahnhof bis zur Haltestelle Jägerhausgasse.
In der Jägerhausgasse gehen wir oberhalb der Meiereiwiese bis zum Forsthaus. Dann geht es steil aufwärts zur Burg Mödling. Zurück wie beim Aufstieg oder zum Weg 43 und auf diesem über den Frauenstein zum Kurpark in der Klause.

Die um die Mitte des 12. Jahrhunderts erbaute Burg Mödling zählt zu den größten romanischen Burganlagen in Österreich. Unter dem Babenberger Herzog Heinrich II, besser bekannt als „Heinrich Jasomirgott“, wurde mit dem Bauwerk begonnen. Zu Beginn der Herrschaftszeit seines Sohnes, Herzog Heinrich der Ältere, wurde die Burg im Jahr 1177 nach rund dreißig Jahren Bauzeit vollendet. Mit dem Aussterben der Babenberger-Dynastie gelangte die einstige Babenbergerburg 1279 in den Besitz von Rudolf von Habsburg. Die folgenden zweihundert Jahre brachten wechselnde Burggrafen und Burghauptmänner, mehrmals war die Burg auch verpfändet. 1477 eroberte der Ungarnkönig Matthias Corvinus die Burg Mödling, gab sie aber nach Abschluss der Friedensverhandlungen wieder zurück. 1529 brannten die einfallenden Osmanen die Burg nieder. Erst 1543 entschloss man sich, die Ruine wieder aufzubauen, aber schon 1556 traf ein Blitzschlag die stattliche Burg, und die gesamte Anlage ging in Flammen auf. Nach dieser verheerenden Feuersbrunst verfiel das Bauwerk und wurde schon 1592 als „verödet" bezeichnet. Mauern und Gebäudeteile wurden im Laufe der Zeit von den diversesten Besitzern als Baumaterial verkauft und abgetragen.

Im Jahr 1807 gelangte die Ruine in den Besitz des Fürsten Johann I. von Liechtenstein, der die Anlage 1812 – entsprechend dem Zeitgeist – im romantischen Stil willkürlich ergänzen ließ. Auf diese Zeit geht etwa der an der höchsten Stelle des Areals stehende Aussichtsplatz zurück, der an Stelle des ursprünglichen, größeren Wohnturmes errichtet wurde. In den Revolutionswirren von 1848 fiel auch diese künstliche Burg einer Zerstörung zum Opfer. In den Jahren 1965 bis 1970 fanden umfangreiche Grabungsarbeiten durch den Mödlinger Museumsverein statt. Dabei wurden die romanischen Fundamente wieder freigelegt und bieten heute die Möglichkeit, sich von der einstigen Größe der Burg ein Bild zu machen. Im Sommer 1970 wurde an

der Burgruine eine Gedenktafel angebracht, die daran erinnert, dass – mit einiger Wahrscheinlichkeit – niemand geringerer als Walther von der Vogelweide um 1219/1220 auf dieser Burg weilte, um seine Kunst auch am Hof der Mödlinger Babenberger vorzutragen. Zur Jahrtausendwende wurde das Mauerwerk bautechnisch fixiert, um eine weitere Zerstörung durch Verwitterung zu anzuhalten.
Eine Darstellung der Burg Mödling befindet sich im Stift Klosterneuburg. Im Stammbaum der Babenberger, einem Tafelbild von Hans Part aus den Jahren 1489 bis 1492, wird Heinrich der Ältere von Mödling bei Kämpfen in Mähren gezeigt. Im Hintergrund ist die Burg Mödling zu sehen.

Husarentempel

Erreichbarkeit: Unser Weg beginnt bei der Husarentempelgasse. Erreichbar mit dem Bus 364/365 vom Mödlinger Bahnhof. Oder zu Fuß vom Bahnhof wie bei der Wanderung zur Burg Mödling. Aber dann ein Stück weiter zur Husarentempelgasse. In der Husarentempelgasse auf markiertem Weg steil aufwärts zum Husarentempel. Man genießt hier die wunderbare Aussicht. Der Abstieg erfolgt ein Stück über den Weg Nr. 43, dann links abwärts in Richtung Meiereiwiese und zur Brühler Straße.

In der Umgebung Mödlings wurden zu Anfang des 19. Jahrhunderts. von Fürst Johann I. von Liechtenstein, dem Inhaber der Herrschaft Burg Mödling und der in Maria Enzersdorf gelegenen „Veste Lichtenstein", eine ganze Reihe verschiedenartiger Denkmäler und Monumente, errichtet, die – dem Zeitgeist entsprechend – Ausdruck einer romantischen Geisteshaltung waren.

In diesem zeitgeschichtlichen Bezug ist auch die Errichtung des Husarentempels zu sehen. Schon 1810 hatte der Fürst an dieser Stelle einen ersten Holzbau errichten lassen. Dieser diente zur Erinnerung an die 1809 gefallenen österreichischen Soldaten,

die in den gegen Napoleon geführten Schlachten von Aspern und Deutsch Wagram ihr Leben ließen.

Durch einen orkanartigen Sturm im März 1812 verwüstet, wurde der baufällige Tempel 1813 nach einem Entwurf des namhaften Architekten Josef Kornhäusel durch die bis heute bestehende Anlage ersetzt. Die gängige Bezeichnung als „Husarentempel" geht auf die irrige Überlieferung zurück, Fürst Liechtenstein sei in der Schlacht bei Deutsch Wagram von vier Husaren das Leben gerettet worden. Erst nachträglich wurden sieben Krieger – stellvertretend für die rund 100.000 in den napoleonischen Kriegen gefallenen österreichischen Soldaten – im Gewölbe unter dem Tempel beigesetzt.

Der Husarentempel, eines der beliebtesten Wander- und Ausflugsziele Mödlings, wurde zuletzt im Jahr 1999 von der Stadtgemeinde restauriert. Um den Husarentempel auch bei Nacht zu beleuchten, wurden auf der südlichen Dachfläche Solarzellen installiert, der so erzeugte Strom wird in Akkus gespeichert. Damit ist die höchste Erhebung des Mödlinger Stadtgebietes (486 Meter Meereshöhe) rund um die Uhr weithin sichtbar.

Naturschutzgebiet Eichkogel

Erreichbarkeit: Mit dem Bus Nr. 1 vom Bahnhof bis zur Höheren technischen Lehr-und Versuchsanstalt. Dann zu Fuß auf der Gumpoldskirchnerstraße bis zum Postweg. Hier können direkt zum „Haus an der Weinstraße" wandern. Vom Parkplatz beim „Haus an der Weinstraße" zur Infotafel und nach Belieben auf den Wegen das Naturschutzgebiet besichtigen und die herrliche Aussicht genießen.

Das Naturschutzgebiet Eichkogel wurde bereits 1960 und dann 1994 in einer erweiterten Form von der NÖ Landesregierung beschlossen. Trotz seiner geringen Fläche von knapp über 68 Hektar ist dieses Naturschutzgebiet wegen seiner Artenzusammensetzung von internationaler Bedeutung. Der Eichkogel wurde daher in das Europäische Netzwerk biogenetischer Reservate des Europarates aufgenommen. Die Trockenvegetation des Eichkogels zeichnet sich durch Trockenrasen und Waldsteppen-Buschwaldkomplexe mit einer Vielzahl von seltenen wärme- und trockenheitsliebenden Pflanzen- und Tierarten aus.
1995 hat eine Gruppe von Wissenschaftlern und Naturschutzbeamten unter dem Namen Eichkogelkomitee ihre Arbeit aufgenommen und umfassende Pflegemaßnahmen im Naturschutzgebiet festgelegt. Ziel ist der Aufbau einer möglichst einfühlsa-

men Strategie zur Erhaltung der wertvollen Rasenflächen und deren erneute, allmähliche Erweiterung. Das Naturschutzgebiet Eichkogel bedarf einer besonders behutsamen und sachgerechten Pflege. In Kooperation mit der Naturschutzbehörde des Landes, dem Eichkogelkomitee und dem Naturschutz erarbeitet eine Expertengruppe regelmäßig Pflegepläne, die in Zusammenarbeit mit der Stadt Mödling ebenso regelmäßig umgesetzt werden. Eine dieser Maßnahmen ist die Beweidung von weniger sensiblen Rasenflächen mit Krainer Steinschafen. Ist die Beweidung in einem Gebiet abgeschlossen, sind etwa ¾ des stark wachsenden Strauch- und Buschwerkes entfernt worden.

Seegrotte

Erreichbarkeit: Mit dem Bus 364/365 vom Bahnhof Mödling.

Um 1840 stieß man bei Brunnengrabungen in geringer Tiefe auf Gips. 1848 begann man mit dem Abbau dieses wertvollen Rohstoffs. Da es sich um ziemlich verunreinigten Gips handelte, wurde der Abbau vorrangig für Düngezwecke verwendet. Der Gips wurde im Untertagbau bergmännisch gefördert. Etwa 80 Knappen waren unter Tag tätig und haben bis zu 3 Wagenladun-

gen Gips täglich gefördert. 1912 wurde in der untersten Sohle eine Quelle angesprengt, das Bergwerk wurde überflutet. Mehr als 20 Millionen Liter Wasser strömten aus einem Wassersack mit ungeheurer Wucht in die Gänge und Stollen. Durch den Einbruch des Wassers hatte sich ein riesiger See gebildet, der größte unterirdische See Europas. Nach dem Wassereinbruch betrieb man eine Zeitlang eine Champignonzucht im Bergwerk, doch erwiesen sich die unterirdischen Räume als zu kühl. Man versuchte nunmehr, diese unterirdische Welt anderwertig zu nutzen, zum Beispiel als Filmkulisse, wie etwa für den französischen Bergwerksfilm „Kameradschaft". Aber auch dieser Versuch war wenig erfolgbringend. Das stillgelegte Bergwerk blieb geschlossen, bis zu dem Tag in den 30-er Jahren, an dem ein Team von internationalen Höhlenforschern die Hohlräume unter Tag entdeckte. Die begeisterten Fachleute ergriffen die Initiative, diese faszinierende Sehenswürdigkeit der Öffentlichkeit als „Schaubergwerk" zugängig zu machen. 1932 wurde die „Seegrotte" als Touristenattraktion eröffnet.
Die Hauptattraktion war und ist auch heute noch der 6200 m² große „blaue See". 1936 zählte man hier 14 000, in den Jahren 1937 und 1938 bereits je 50 000 Besucher. Mit dem Beginn der alliierten Bombenangriffe im Zweiten Weltkrieg 1943 erhielt die Seegrotte eine neue Funktion. Zunächst lagerte man hier Ende

1943 wertvolle Denkmäler ein, am 1. Mai 1944 wurde die Höhle für Zwecke der Rüstungsindustrie beschlagnahmt. Das Wasser wurde ausgepumpt, die Höhlenräume wurden trockengelegt und beheizt. 2.000 Arbeiter, darunter viele Zwangsarbeiter, waren damit beschäftigt, einen der ersten Düsenjäger der Welt zu produzieren. Ein Modell und Teile der Heinkel HE 162 Salamander sind ausgestellt. Getestet hat man diese Düsenmaschinen übrigens auf dem heutigen Flughafen Schwechat. In einer Außenstelle des KZ Mauthausen in der Johannesstraße (heute Gedenkstätte) waren die gefangenen Arbeiter untergebracht. Zu Kriegsende wurden 37 Sprengbomben gelegt, um den Rüstungsbetrieb zu zerstören. Sieben wurden tatsächlich gezündet und richteten erhebliche Schäden an der Fabrikseinrichtung an. Es dauerte drei Jahre, bis das Bergwerk renoviert war und für die Touristen wieder zugänglich gemacht wurde. Nach der Restaurierung in den Jahren 1946–1949 konnte zu Ostern 1949 der See gefüllt werden; seither ist die Seegrotte wieder beliebtes Ausflugsziel. Mehr als zehn Millionen Menschen besuchten seither das ehemalige Bergwerk. www.seegrotte.at

Burg Liechtenstein

Erreichbarkeit: Vom Bahnhof zum Freiheitsplatz und aufwärts zum Schwarzer Turm. Weiter gut bezeichnet zum Pfefferbüchsel, einer zerstörten Kapelle. Wir kommen nun zum höchsten Punkt unserer Wanderung. An der Turnerwiese vorbei kommen wir abwärts zur Burg und zum Schloss Liechtenstein. Nach der Besichtigung gehen wir wieder Stück zurück zum Amphitheater und abwärts zum Kobenzl und in die Stadt.

Eine romantische Landschaft um 400.000 Gulden. Ein Ausflug in die Nachbargemeinde Maria Enzersdorf soll uns nicht nur einen schönen Spaziergang, sondern auch ein ganz besonderes Gebäude, welches mit Mödling jahrhundertelang in Verbindung stand, präsentieren, die Burg Liechtenstein.

Die Lage der Burg auf den Kalkfelsen auf dem Auslauf des Kalenderbergnordhanges entspricht dem Festungsgürtel entlang des Ostrandes des Wiener Waldes. Liechtenstein hatte eine zusätzliche Befestigungsfunktion durch den vorbeiziehenden, sehr alten Verkehrsweg der Mariazeller Straße, diese führt von Wien über die Hinterbrühl, Heiligenkreuz, Alland und Nöstach ins Triestingtal.

Vermutlich wurde die Burg gegen Ende des 12. Jahrhunderts erbaut. 1291 erwarben die Liechtensteiner die Burg. Der bekannte Minnesänger Ulrich von Liechtenstein soll der Vater jenes Otto gewesen sein, der die Burg erworben hat. 1395 wurde den Liechtensteinern die Burg entzogen, erst nach Jahrhunderten erhielten sie diese wieder zurück. Unklar ist die Ableitung des Namens der Burg, ein Zusammenhang mit den seit dem frühen 12. Jahrhundert nachweisbaren Herren von Liechtenstein ist nicht zu herzustellen, wie auch die Annahme unbeweisbar bleibt, dass diese Burg die Stammburg der regierenden Fürsten von Liechtenstein war. Die Burg Liechtenstein war seit dem Mittelalter das Zentrum einer „Herrschaft", zu der verschiedene Güter und Einkünfte in der Umgebung gehörten. In den Wirren des Bruderzwistes zwischen den Habsburgern Friedrich III. und Albrecht VI. um 1460 verfügten dann die Landesfürsten über die Burg. Ab dem Ende des 15. Jahrhunderts waren die Habsburger Burgherren. 1529 wurde die Anlage durch die Türken schwer in Mitleidenschaft gezogen.

Andreas Pögl, Freiherr von Reiffenstein, vereinigte die hiesige Herrschaft 1559 mit der Herrschaft der Burg Mödling, das blieb so bis 1848. Er bezeichnete sie als ein *öds, engs zerrissens, alts gemäuer, darin gar schlecht und wenig wohnung sei*. Auf Grund des schlechten Bauzustandes errichtete um 1600 der Verwalter der neuen Eigentümer, der Familie Khevenhüller, hier einen neuen Hof, den Vorläufer von Schloss Liechtenstein.

Die alte Burg wurde 1683 im Türkensturm abermals verwüstet und präsentierte sich im 18. Jahrhundert als Ruine.

Im Jahre 1807 erwarb Fürst Johann I. von Liechtenstein die Burg. Er pflanzte Föhrenwälder und ließ ringsum romantische Bauten errichten. Er schuf seine Ideallandschaft, die heute einen Teil des Naturparks Föhrenberge ausmacht. Liechtenstein ließ die Ruine in romantischer Art in neuem Glanz erstehen, restaurierte die Burg und das vis à vis liegende Schloss. Die neue Epoche des Glanzes dauerte bis 1945, als die heranstürmenden Russen die Burg „eroberten" und vollkommen verwüsteten. Heute erstrahlen beide Bauwerke wieder in altem Glanz und sind beliebtes Ausflugsziel und kulturelles Zentrum. Die jährlich abgehaltenen Nestroyfestspiele in der Burg Liechtenstein, geleitet von Elfriede Ott, sind ein kulturelles Muss geworden. Das Schloss Liechtenstein, jahrelang vom Abbruch bedroht, dient als Seniorenheim und Seminarort.

Die beiden künstlichen Ruinen, an denen wir bei unserer Wanderung vorbeikommen, sind von Josef Hardtmuth errichtet worden. Hardtmuth wurde im Weinviertler Ort Asparn an der Zaya geboren, er hat nicht nur das Wiener Steingut, sondern auch den Grafitbleistift erfunden. Und ein Hardmuthblei ist der reiferen Generation sicher noch gut bekannt. Im südmährischen Raum, in der Gegend von Nikolsburg, wo die Fürsten von Liechtenstein zahlreiche Güter besaßen, hat Hardtmuth im Schlosspark von Eisgrub (Lednice) ein 68 Meter hohes Minarett errichtet.

Anninger

2½ Std. Ausrüstung: Festes Schuhwerk, Regenschutz

Erreichbarkeit: Ausgangspunkt ist der Bahnhof Mödling. Auf dem rot markierten Beethoven-Wanderweg (Nr. 40) in der Bachpromenade die Mödling entlang und in der Achsenaugasse bis zur Badstraße. Links in die Badstraße einbiegen und rechts bis zur Friedrich Schillerstraße. Bei der Neusiedlerstraße rechts die Goldene Stiege aufwärts bis zum Waldgasthof Bockerl. Hier befindet sich auch der Parkplatz für Autofahrer. Auf dem Wanderweg 448 aufwärts bis zur ehemaligen Breiten Föhre. Die Breite Föhre hatte einen Stammdurchmesser von 1,4 Meter und der Durchmesser der Krone betrug ca. 20 Meter. Sie musste aus Altersgründen gefällt werden. Eine junge Föhre wird sicher noch viele Jahre benötigen, um so breit wie die alte zu werden.
Weiter auf der Schotterstraße bis zum Gasthaus „Krauste Linde". Dann wird es steil und kurvig. Vor vielen Jahren war hier eine beliebte, gut ausgebaute Rodelbahn. Beim Anningerhaus noch nicht aufhören. Bevor wir rasten, geht es noch zur Wilhelmswarte am Gipfel und nach dem genussvollen Rundblick schauen wir noch zur Jubiläumswarte und wandern dann zum Anningerschutzhaus zurück zur wohlverdienten Rast.
Für den Abstieg wählen wir den Weg in Richtung Maibründl, Richardshof. Im romantischen Prießnitztal wandern wir in Richtung Mödling. Beim Parkplatz gehen wir am Steinbruchweg vorbei an den aufgelassenen Steinbrüchen, die jetzt als Kletterschule dienen. Die Friedrichswand und die Raue Platte bieten zahlreiche Anstiege. Weiter geht es bis zur goldenen Stiege und zum Ausgangspunkt am Bahnhof.

Bisher wurden Kulturwege und Spazierwege beschrieben. Aber in Mödling gewesen zu sein und nicht den Anninger „bezwungen" zu haben, das geht nicht. Keine Angst, es handelt sich um keine schwierige Bergtour, sondern um eine genussvolle Wanderung auf den 675 Meter hohen Hausberg von Mödling.
Der Verein der Naturfreunde von 1877 hat diesen Berg erschlossen. Markierte Wege, Aussichtswarten, ein Waldgasthaus in der Mitte des Anstiegs und ein Schutzhaus am Ende der Wanderung bieten jede Möglichkeit, sich angemessen zu stärken. Am Gipfel steht die Wilhemswarte und bietet einen herrlichen Ausblick in das Wiener Becken, zum Leithagebirge, in die Bucklige Welt und, und, und. Ein klarer Herbsttag ist beste Voraussetzung. Eine zweite Warte, die Jubiläumswarte am Eschkogel, erweitert den Blick nach Westen in den Wienerwald.

Klettern

Mödlinger Klettersteig

Zufahrt: Über die A2: Ausfahrt Mödling abfahren. Durch Mödling und die Klause nach Vorderbrühl fahren. Über die A21: Ausfahrt Hinterbrühl abfahren und nach Vorderbrühl fahren. Mit Öffis: Mit der Bahn nach Mödling. Von dort mit dem Bus (Linie 364) bis Mödling Mühlgasse oder Vorderbrühl Jägerhausgasse. Zu Fuß benötigt man vom Bahnhof ca. 30 Minuten.

Zustieg: Der Einstieg zur Wand befindet sich direkt am Promenadenweg wenige Meter westlich des kleinen Spielplatzes. Achtung: Nicht bei der Tafel „Robert-Karpfen-Klettersteig" einsteigen!

Schwierigkeitsgrade in Kurzform: A = leicht, B = mäßig schwierig, C = schwierig, D = sehr schwierig, E = extrem schwierig

Ausrüstung: Klettersteigausrüstung

Der Mödlinger Klettersteig ist von Wien aus der nächste Klettersteig. Bei dem im Frühjahr 2000 errichteten „Klettersteig der Stadtgemeinde Mödling" handelt es sich um einen guten Anfänger-Klettersteig. Er nützt die Felsformationen optimal aus, dazwischen gibt es kurze, leichte Gehstücke. Man hat fast immer einen wunderschönen Ausblick auf die Umgebung.

Der schwierigste Teil des Mödlinger Klettersteigs ist die Einstiegswand. Sie ist mit C bewertet und kann umgangen werden. Weitere Schwierigkeit maximal B.
Es gibt zwei Gehstücke im Klettersteig, wo kein Stahlseil gespannt ist. Das zweite Gehstück ist etwas länger. Der Klettersteig endet bei der beschrifteten Platte. Erhalter des Steiges ist die Stadtgemeinde Mödling. Der Steig ist sehr gut mit Drahtseil und Steigbügeln versichert.

Efeugrat

Zufahrt: A2 bis Mödling und weiter Richtung Hinterbrühl. Entweder beim Aquädukt am Ortsende parken und über Promenadenweg zum Fels oder weiter bis zur Liechtensteinstraße. Mit Öffis: Schnellbahn bis Mödling und zu Fuß oder mit dem Bus 364/365 bis zur Spitalmühlgasse.

Zustieg: Über die Brücke zur Wand, die direkt am Promenadenweg liegt.

Beste Jahreszeit: April, Mai, Juni, Juli, August, September, Oktober

Sehr beliebter Klettergarten, der direkt neben der Straße liegt. Der Fels ist schon etwas abgeklettert und bietet Leisten- und Henkelkletterei.

Erikagrat

Netter Klettergarten nahe dem Efeugrat. Der obere Teil des Grates ist zwar mit Eisenbändern gesichert, das Gebiet ist jedoch durchaus einen Besuch wert und bietet gut abgesicherte Touren in gutem Fels. Highlight ist die Gratüberschreitung.
An der Nordseite der Abhänge des Kalenderbergs besteht Kletterverbot!

Schlusswort

Der Stadtführer versucht, möglichst viel zu präsentieren. Dennoch ist das nur eine Auswahl.
Ein Vorschlag des Verfassers: Kommen Sie wieder, und genießen Sie das Flair der Stadt und deren Umgebung. Kommen Sie zu jeder Jahreszeit. Genießen Sie Mödling.

Wir wurden bei unseren Rundgängen genau beobachtet.
Wenn Sie ihn sehen, dann winken Sie ihm doch zu. Er wird sich freuen.

Stichwortverzeichnis

Literaturverzeichnis

Arnold, Friedrich: Zauber der Thermenregion, Pichler Verlag 2004

Büttner, Rudolf: Burgen und Schlösser zwischen Wienerwald und Leitha, Birken Verlag. Wien 1966

Eldersch, Ludwig: Wandere mit von Mauer bis Mödling. Eurasia Verlag Wien, 1959

Festschrift 100 Jahre elektrische Bahn Mödling-Hinterbrühl, Bezirksmuseumsverein Mödling 1983

Heimatbücher für den Bezirk Mödling, 1956 bis 1959/1960, Bezirksmuseumsverein Mödling

Hohn/Stanfel/Figlhuber: Mödling Hinterbrühl, Verlag O. Slezak, Wien 1983

Mödling und sein Bezirk, Verein der Naturfreunde in Mödling, Wien 1879

Opll, Ferdinand: Niederösterreichischer Kulturführer Mödling, Wien 1983

Schwetz, Walther: Mödling von A bis Z, Touristikverlag Wien, o.J.

Stadtgemeinde Mödling, Arbeitsgruppe Kultur: Mödling Geschichte, Häuser, Menschen. Mödling 2010

Tourismusinformationen Mödling

Twerdy, Wilhelm: Beiträge zur Geschichte des Wienerwaldes, Heimat Verlag 1998

Mehr über **Mödling** und seine Umgebung

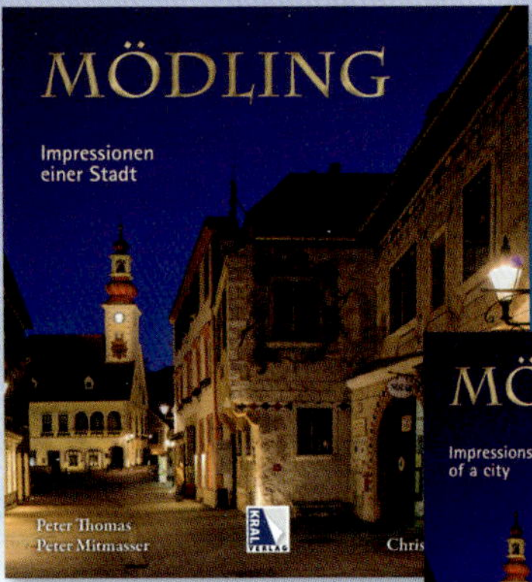

Die ideale Ergänzung zum Stadtführer: Der anregende Bildband lädt ein, die Schul- und Gartenstadt Mödling zu entdecken. Geschichtsträchtiges, Modernes und Sehenswürdigkeiten finden Sie genauso wie den obligaten Wein und natürlich den Wienerwald.

160 Seiten, ISBN 978 3 99024 277 3

96 Seiten, ISBN 978 3 99024 686 3, Softcover

Wissenswertes und Interessantes über die spannenden Entwicklungen Kaltenleutgebens vom Kalkbauerndorf zum international renommierten Kaltwasserkurort und zu einer modernen Wienerwald Marktgemeinde .

228 Seiten, ISBN 978 3 99024 711 2

Von der Handvoll Holzhäuser, die anno Domini 903 erstmals urkundlich als „Medilihha" erwähnt worden ist, zur modernen, pulsierenden, aber dennoch ihrer Vergangenheit bewussten Schul- und Gartenstadt, deren neuestes Gesicht hier dokumentiert wird.

160 Seiten, ISBN 978 3 99024 479 1

www.kral-verlag.at